Arte, ¿líquido?

Zygmunt Bauman *et al.*

sequitur

sequitur [sic: *sékwitur*]:
Tercera persona del presente indicativo del verbo latino *sequor*:
procede, prosigue, resulta, sigue.
Inferencia que se deduce de las premisas:
secuencia conforme, movimiento acorde, dinámica en cauce.

Edición y traducción de
Francisco Ochoa de Michelena

Ilustración y diseño cubierta: Bruno Spagnuolo

© Ediciones sequitur, Madrid 2014

www.sequitur.es

Todos los derechos reservados

ISBN: 978-84-95363-36-7
Depósito legal: M-47890-2007

Impreso en España

Indice

Arte, muerte y postmodernidad
Zygmunt Bauman   11

Modernidad líquida y análisis transdiciplinar de la cultura
Griselda Pollock   27

Arte líquido
Zygmunt Bauman   35

La tercera cultura
Gustav Metzger   49

Modernidad líquida, complejidad y turbulencia
Antony Bryant   59

Tiempos líquidos, artes líquidas
Zygmunt Bauman dialoga con Maaretta Jaukkuri   71

Del *collage* al *décollage*
Jacques Villeglé   97

Carta al editor
Herman Braun-Vega   101

Participan

Zygmunt Bauman, profesor emérito de Sociología de la Universidad de Leeds, Reino Unido.

Herman Braun-Vega, nacido en 1933, pintor de origen peruano, afincado en París.

Antony Bryant, profesor de Informática de la Universidad Metropolitana de Leeds.

Maaretta Jaukkuri, conservadora jefe del KIASMA, el Museo de Arte Contemporáneo de Helsinki.

Gustav Metzger, artista de origen alemán, residente en el Reino Unido.

Griselda Pollock, profesora de Historia Crítica del Arte y de Historia Social del Arte en la Universidad de Leeds y directora del CentreCATH de la misma ciudad.

Manolo Valdés (por alusiones), nacido en 1942, artista valenciano afincado en Nueva York.

Jacques Villeglé, nacido en 1926, artista francés, firmante del manifiesto de los Nuevos Realistas.

Arte, muerte y postmodernidad

Zygmunt Bauman

En el otoño del año 1930, un ingeniero mecánico de treinta años llamado Alexander Calder visitó el taller de Piet Mondrian. Como recordaría más tarde en una carta dirigida al coleccionista de arte A.E. Gallatin, Calder se quedó maravillado y asombrado ante lo que vio ahí: lo que vio fue una enorme pared blanca de la que colgaban unos tableros rectangulares pintados de amarillo, rojo, azul y varios grises que formaban una composición. Sintió, sin embargo, que algo faltaba en esa perfección compositiva: una perfección muerta porque completa y para siempre inmovilizada. Una desazón que su anfitrión también compartía. Calder le preguntó a Mondrian si no sería mejor si esos elementos de color pegados y fijados a la pared pudieran moverse; moverse cada uno con un ritmo distinto, con su propia velocidad. A Mondrian no pareció gustarle la idea, pero poco le importó a Calder, que acabaría inventando él solo lo que vendría en llamarse 'arte cinético'. "Los movimientos se pueden componer del mismo modo que se componen colores y formas", así definió Calder su proyecto artístico. "En este caso, la composición nace de la interrupción, provocada por el artista, de la regularidad: la ruptura de la regularidad crea y destruye la obra de arte". Calder reconocía en Mondrian un alma afín: ambos estaban fascinados y hechizados por el juego de lo pasajero/duradero, pero una misma fascinación suscitó dos proyectos artísticos claramente distintos. Si Mondrian buscó la excelencia absoluta de la composición perfecta en la que las cosas quedan para siempre fijas, Calder rechazó esta finitud e hizo que, con el movimiento, las cosas exploran siempre nuevas posibilidades.

Marcel Duchamp llamaba a Calder el "Maestro de la gravedad", aunque más correcto sería calificarlo como "poeta del movimiento" y, ¡cuidado!, no de cualquier movimiento. Hacer que se muevan objetos inanimados, inmóviles, no tiene en definitiva nada de especial: lo hacemos a diario con esos ensamblajes de hierro y plástico que llamamos coches y trenes. En estos casos, queremos que los artilugios se muevan en la dirección y los tiempos que hemos marcado: queremos que sus movimientos sean normales y predecibles. Pero esta monotonía predecible no da vida a esos objetos, simplemente se les obliga a moverse, de modo parecido a como condenamos otros objetos a permanecer inmóviles, clavándolos en la pared o encerrándolos en un cajón o en un marco. Calder buscaba un movimiento completamente distinto, un movimiento espontáneo y elemental, sin ninguna rutina ni regularidad, cambiante de un momento a otro y sin secuencia previsible, que sorprendiera incesantemente al observador, que no tuviera pauta. Un movimiento que significa algo más que movilidad en el espacio: es un símbolo, o quizá la esencia misma, de la vida. Alexander Calder quería, nada menos, que dar vida a la materia muerta.

Damien Hirst, que en estos últimos años de "joven promesa" ha pasado a ser figura destacada del mundo del arte, está –como Calder– fascinado por el misterio de la vida, pero si Calder quería dominar las leyes de la gravedad, Hirst desearía controlar la inevitabilidad de la muerte; y lo hace, ciertamente, no animando la materia muerta sino paralizando la decadencia de la materia viva. Hirst se hizo famoso con su instalación "La imposibilidad física de la muerte en la mente de alguien vivo": un tiburón traído de los mares de Australia metido en una inmensa urna llena de formol. Con su mandíbula abierta y esos dientes-puñales que muestran una cavidad oscura que espera de ser llenada, el tiburón parecía estar vivo: parecía estar vivo en una urna llena de formol. "Espero que en la primera impresión parezca vivo... Se trata de la obsesión de conseguir revivir lo muerto o de que lo vivo no muera nunca", en palabras de Hirst. Para comprender el mundo, "hay que sacar las cosas fuera del mundo... se matan las cosas para observarlas...". [Esta obra] "también tiene que ver con el miedo ante la fragilidad de lo vivo, y quería hacer una escultura donde lo frágil quedara encajonado... Me gusta la idea de lo sólido, pero para encontrar algo sólido en mi cuerpo antes tendré que convertirme en esqueleto".

En la exposición *Kunst und Natur* (Arte y naturaleza) celebrada en la galería Zacheta de Varsovia, la polaca Jonna Przybyla también se acerca a este misterioso dilema. Del techo de la sala cuelgan un montón de ramas rotas, en putrefacción, desordenadas, pero que aún se mueven, se balancean huyendo de la muerte, como volando en un sueño de vida. Las paredes de la sala, por el contrario, están cubiertas de otro tipo de madera: tableros cuidadosamente cortados, acuchillados y barnizados, barnizados con productos químicos para que no se desintegren nunca, para que duren para siempre. El precio de esta eternidad es la muerte irrevocable.

Los objetos muertos son reacios a vivir. Calder quiso impregnarlos con la esencia de la vida: que pudieran resistirse a los deseos de su creador. Les dio esa rebeldía y esa irreverencia que son la esencia de la vida. Damien Hirst quiere parar la muerte justo un instante antes de que se produzca, como una especie de "mortalidad suspendida". Aunque muertos, los tiburones, vacas o moscas de Hirst se muestran alertas y tensos ante su evidente decadencia, fragilidad, desintegración. Pero el formol se hace turbio y nubla la visión: la deseada solidez no desvela su misterio. Hirst quiere que los seres que vivieron perduren en sus gestos, se perpetúen inmóviles sin dejar de ser lo que el destino les impone: un ser marcado por el recuerdo de la vida, que muestra sus movimientos y sus cambios. El comentario de Przybyla es triste y escueto: estarás vivo siempre que estés degradándote; si has de durar en la eternidad, es que ya estás muerto...

Como dijo el poeta alemán Lessing, la Ilustración, de la que nació nuestra mentalidad moderna, se afirmó sobre el rechazo a tres creencias: en la Revelación, en la Providencia y en la Condena Eterna. Tres creencias, una triple trinchera tras la que se escondía la aterradora naturaleza de la mortalidad humana, es decir, toda la fragilidad y contingencia de lo humano. La religión que regía las mentes premodernas era, como dijo el filósofo francés Cornelius Castoriadis una *máscara*: una máscara que escondía el caos constitutivo del ser. Ahora el caos ya no está tapado. Y el arte lo mantiene visible. El arte es como una *ventana sobre el caos*: lo muestra al mismo tiempo que trata de enmarcar su deforme fluir. El arte se diferencia de la religión en que no niega la realidad del caos ni pretende enmascarar su presencia. El gran arte logra que, tras cada una de las formas que hace aparecer, veamos el ilimitado caos del ser. Cada forma *in-forma* que es solo eso: una forma, una construcción, un artificio. Es en este desvelar el caos cuando el arte "cuestiona todos los significados establecidos, también el sentido de la vida humana y todas las verdades tenidas por irrebatibles".

La razón instrumental, la mayor de las invenciones de la modernidad y la más determinante de las herencias de la Ilustración, se concibió para servir a la libertad y a la auto-realización del hombre. Pero desde sus mismos orígenes quedó, como señala Castoriadis, cercenada por la propensión a usar la libertad de elección para cerrar las opciones que la libertad debía mantener abiertas. Surgió "una fatal y quizá inevitable tendencia a buscar fundamentos absolutos, certezas definitivas, catalogaciones exhaustivas". Una tendencia, en definitiva, a enmascarar una vez más la contingencia y fluidez del ser, precisamente en el momento en que se abrían de par en par las puertas para la experimentación y la libertad creativa.

Esta vez, el cierre o enmascaramiento se hizo desde posiciones seculares, y de manera oblicua: mediante prácticas y usos antes que con enseñanzas, admoniciones y doctrinas. Estas prácticas modernas no niegan la inherente e irremediable mortalidad de todo lo humano, pero como todo lo que se escapa al control de la razón, esta cuestión ha sido "desencantada", relegada, diseccionada y disuelta en un mar de minucias cotidianas que absorben nuestra atención y nuestras energías. Ocupados en lidiar con las innumerables pequeñas amenazas que acechan nuestra salud y nuestro bienestar, ¿nos sobra tiempo para meditar sobre la vanidad de nuestras tribulaciones? Si la endémica vulnerabilidad de la existencia humana fue en el pasado una cuestión metafísica que imperaba sobre todo lo humano, ahora se ha convertido en un problema *técnico*: *un problema de tantos*.

Evitar que la humanidad olvide su propia mortalidad, es decir, su propia naturaleza –evitar que *se olvide a sí misma*– es tarea que compete hoy en día, justa y abiertamente, al arte. Para el arte la muerte no es ni un problema técnico ni un problema cualquiera. La mortalidad humana es la *raison d'être* del arte, su causa y su objeto. El arte nació y perdura desde la conciencia, una conciencia que sólo los seres humanos tenemos: que la muerte es un hecho que viene *dado* y que la inmortalidad ha de *fabricarse*, y una vez fabricada debe ser preservada día tras día. La historia del arte nos indica que arte y conciencia de la mortalidad vinieron al mundo de la mano y que, quizá, el arte morirá cuando la muerte pase al olvido o deje de interesar.

La íntima relación entre el arte y la cuestión de la muerte/inmortalidad se ha explicado de dos maneras en la teoría del arte.

El psicólogo Otto Rank atribuía el origen y persistencia del arte al deseo *individual* de inmortalidad del artista. "El impulso creativo del artista nace de su afán por inmortalizarse a sí mismo [...] es una apuesta por convertir lo efímero de la vida en una inmortalidad personal". "En todos los individuos creativos se da ese deseo de sustituir la inmortalidad colectiva –tal y como se manifiesta en la reproducción sexual de la especie– por la inmortalidad individual de la intencionada auto-perpetuación". Para Rank, la creación artística nace, en definitiva, del afán, consciente o no, del artista por superar la transitoriedad de su vida y perpetuarse. El artista crea porque desea elevarse por encima de la impersonal inmortalidad del género humano (una vulgar y ordinaria perpetuación colectiva, según él) y lograr acceder individualmente a la existencia eterna: dejando huella indeleble de su paso por la tierra, ganándose un lugar duradero en la memoria de la especie. Sin embargo, ¿explica esta obcecación del artista la presencia del arte incluso milenios antes de que el primer pintor firmara su cuadro? Este tipo de explicación, ¿no atribuye los rasgos propios del artista *moderno* a un fenómeno presente en todas las épocas históricas?

La concepción del arte de Hannah Arendt no da, por el contrario, ninguna cabida a la ambición del artista. Arendt no entiende el misterio del arte como una apuesta por la inmortalidad individual. La inmortalidad de la obra de arte se revela sólo *retrospectivamente*, y confirma no las intenciones del artista sino la calidad de la obra: su capacidad para seguir suscitando en el espectador emociones estéticas y disfrute intelectual, un espectador muy distinto al que podía estar dirigiéndose (si lo hacía) el artista que, en su época, pudiera andar buscando reconocimiento y aplauso. Inmortal es la obra que perdura, pero, y Arendt insiste en esto, una obra durará sólo si no está al servicio de alguna función práctica y mundana, si no se convierte en una herramienta o en un recurso para la supervivencia individual hasta consumirse cumpliendo esa función.

La inmortalidad de la obra de arte nada puede ofrecer a quien busca la supervivencia. Una obra de arte es algo radicalmente distinto a algo útil, funcional. La funcionalidad, por así decir, disuelve los objetos y los hace desvanecerse del mundo fenoménico en virtud del propio uso y consumo. Las obras de arte "existen, no para la gente sino para el mundo", dice Arendt. Y no es la única. Hans-Georg Gadamer en "Die Aktualität des Schönen" sostiene que "la obra de arte aumenta el ser". Ortega y Gasset en *La deshumanización del arte* señala que el poeta agranda el mundo al añadir a la realidad nuevos continentes de imaginación (la palabra "autor", viene de *auctor* –el que aumenta. Los antiguos romanos daban este título a los generales que conquistaban nuevos territorios para el imperio).

Las obras de arte no son 'útiles', 'funcionales'; no sirven para asegurar la supervivencia del individuo. Antes al contrario, su inmortalidad radica en que se alejan del metabolismo de la vida. El arte trasciende la mortalidad humana sólo en la medida en que logra escapar del celo acaparador de los mortales. La obra de arte, dice Arendt, es una aparición, "pura apariencia", y la apariencia se juzga no por su utilidad sino por su belleza. Cuanta más importancia se de a este criterio mayor será su superioridad sobre todos los demás: cuanto más dependa de su apariencia la esencia de un objeto, "mayor será la distancia necesaria para poder apreciarlo". La distancia se logra "mediante el olvido de uno mismo, el olvido de las propias tribulaciones, intereses y exigencias". Renunciando al deseo de atrapar, apropiarse, asimilar, imbuirse del objeto admirado, podremos querer que siga siendo sí-mismo, lo que es, "pura apariencia".

Precisamente por estar por encima y alejado del ajetreo de la lucha diaria por la supervivencia, el arte porta el mensaje de aquello que puede durar e ir más allá de la vida de cualquier individuo, por poderoso y brillante que sea. Y por esta razón el arte anima a hacer visible lo que de duradero pueda tener lo pasajero: recuerda con insistencia que el milagro alquímico (o ¿un simple truco de magia?) es posible. El arte respira eternidad. Gracias al arte, una y otra vez la muerte queda reducida a su verdadera dimensión: es el *fin de la vida*, pero no el *límite* de lo humano.

Sin duda, el artista moderno (especialmente el modernista) *pretendía* una asociación con lo extra-temporal, con la inmortalidad. Pero, en esto, el arte moderno no era revolucionario sino que hacía lo mismo que habían hecho las artes en tiempos pre-modernos: cuando los artistas contaban una y otra vez las mismas y universales historias sacadas de las mitologías cristiana y griega, historias de acontecimientos que ocurrían siempre y nunca, de unos acontecimientos que se repetían inmunes, como la eternidad, al paso del tiempo. El mensaje de la eternidad era fácilmente legible en esos relatos.

Pero a medida que las tradiciones compartidas fueron perdiendo vigor, los relatos fueron perdiendo legibilidad. Es más, cuando el tiempo histórico acabó sustituyendo a la intemporal eternidad, los personajes míticos empezaron a contar relatos de finitud antes que de eternidad. Recordaban acontecimientos antiguos, situados en el tiempo, en el pasado –algo parecido a las experiencias únicas e irrepetibles de nuestro pasado individual. Historias que ocurrían "érase una vez", pero sólo una vez. La tarea de volver a unir el pasado, el presente y el futuro con lo intemporal, es decir, con lo eterno, recayó entonces sobre los artistas, que tuvieron que hacerlo sin poder contar ya con los ingredientes que habían garantizado hasta entonces la unión entre arte e inmortalidad.

Ya no se trataba de representar bellamente *temas* inmortales, sino de conseguir que *la belleza misma* fuera inmortal: elevar la forma artística a la categoría de lo inmortal. Hasta entonces, la inmortalidad había sido el material bruto en el que el artista esculpía sus obras, ahora le tocaba al artista esculpir una forma inmortal con un material tan frágil, efímero y perecedero como cualquier otra cosa del mundo de lo humano. La inmortalidad dependía ahora de la obra no de su tema.

Fenecida la tradición de lo sagrado, cualquier objeto que se *representara* era mortal y representarlo significaba reflejar su carácter efímero. Las obras de los antiguos maestros expresaban la inmortalidad pero no porque representaran objetos supra-temporales sino gracias al hecho *contingente* de que, permaneciendo ahí durante mucho tiempo, acababan emergiendo victoriosas ante el poder destructivo de la historia. Era fácil suponer que estas obras maestras poseían cualidades que les permitían resistir el paso del tiempo: la capacidad de seguir suscitando emociones, no obstante el voraz apetito de la historia. El arte modernista, en definitiva, *cambió el enfoque de la eter-*

nidad, pero, al igual que sus antepasados –el arte medieval o el renacentista–, siguió ocupándose de la *inmortalidad*.

Tenga razón Otto Rank o Hannah Arendt a la hora de explicar el origen de este cambio, lo cierto es que la historia del arte es un esfuerzo continuado por ir más allá del breve tiempo que concede la vida biológica. Un esfuerzo por añadir al universo frágil y efímero de lo humano otras entidades, inmunes a la erosión del tiempo, entidades que puedan seguir estando en el mundo cuando nada más quede en él. Un esfuerzo desesperado por eliminar las consecuencias más inhumanas de la mortalidad del hombre. Pero si el arte ha venido siendo así, lo cierto es que el modo en que nuestra cultura aborda ahora la cuestión de la muerte y de lo inmortal le plantea al arte un desafío totalmente nuevo.

La idea de la muerte no suele ser agradable, no lo es hoy ni lo fue hace cien años, pero a nosotros, los hombres y mujeres que vivimos en un mundo tardo-moderno o postmoderno, nos agrada lo duradero y lo repetitivo tan poco, o quizá menos aún, que lo perecedero y el cambio. Tenemos la intuición de que, en la carrera hacia la realización personal, "viajar esperanzado es mejor que llegar". Deseamos y buscamos una realización que suele consistir en un perpetuo *devenir*, en una disposición permanente a *cambiar*. No somos *constructores-de-identidades* sino –aunque no siempre totalmente libres– *electores-de-identidades*: de muchas y variadas identidades, identidades cada vez más agradables y flexibles.

Dicho de otro modo, nuestras vidas, la de los hombres y mujeres postmodernos, giran no tanto en torno al *hacer cosas* como al buscar y *experimentar sensaciones*. Nuestro deseo no desea satisfacción, desea seguir deseando. La mayor amenaza contra el deseo es una satisfacción completa, fija, estable: como si el anhelo de Fausto de congelar el tiempo se realizara, como en un cuadro de Mondrian en el que nada puede cambiarse porque todo cambio sería a peor. La idea de un estado fijo, inmóvil, final, permanente nos parece tan extraña y absurda como la imagen de un viento que no sopla, un río que no fluye, una lluvia que no cae... En la vida feliz en la postmodernidad, cada uno de sus momentos *dura sólo un rato* hasta que llegue el próximo; y ningún umbral debería quedar cerrado una vez cruzado.

Para los que buscan experiencias y coleccionan sensaciones, inmersos como están en un mundo de tentaciones y seducciones, la conciencia de la mortalidad universal entristece, sí, pero también da esperanza. Sin duda, la idea de congelar el tiempo sigue atrayendo a los hombres y mujeres postmodernos igual que atrajo a nuestros antepasados: piénsese en esas postmodernas "inmortalidades momentáneas" del éxtasis, del orgasmo y otras populares y muy deseadas "experiencias totales". Pero a diferencia de nuestros antepasados, a los hombres y mujeres postmodernos les aterra la idea de que el tiempo se quede parado para siempre. La eternidad parece haber perdido mucho de su antiguo encanto y atractivo. Para el yo postmoderno "ser hacia la muerte" late con la vida, mientras que la eternidad seduce tanto como una tumba.

Uno puede *asociarse* con las cosas inmortales. Pero las cosas divertidas, las cosas creadas para proporcionar sensaciones agradables, son cosas que se *consumen*. El consumo es exactamente lo contrario de la inmortalidad. La asociación no mengua ni erosiona lo inmortal, antes al contrario, lo supre-temporal se perpetúa gracias a la duración y continuidad de los contactos temporales, de no ser así estaríamos ante la muerte de la obra de arte, el fin de su inmortalidad. Los objetos de consumos, por su parte, se *gastan* al consumirse, pierden toda o parte de su sustancia, menguan o desaparecen. Los usos del consumo atribuyen al arte una función totalmente distinta a la que solía tener: la de compensar y equilibrar lo perecedero y mortal de las cosas propias de lo cotidiano. Por ser refractario al consumo, el arte supo preservar su vínculo con lo perpetuo. Pero esta resistencia resulta inútil en un mundo donde los objetos culturales surgen, como dice George Steiner, para generar "un impacto máximo y una obsolescencia instantánea". Pasar a formar parte del consumo puede suponer una enorme transformación para la obra de arte.

Cuando decía que el objeto se gasta por el consumo no me refiero a que se destruya físicamente (como sí ocurre con el best-seller que compramos antes de subir al tren y tiramos a bajar del tren). Estoy apuntando a otra cosa: al inevitable decaer del interés, a la pérdida de "capacidad de divertir", de suscitar deseo y emociones placenteras. La obra de arte considerada como motivo de diversión acaba resultando tediosamente familiar, pierde su capacidad inicial de provocar sensaciones, de chocar, sorprender: acaba prometiendo la pesada sensación del *déjà vu* en lugar de la aventura. Para recuperar (aunque sea sólo por un momento) su capacidad de excitar, la obra de arte debe ser rescatada de la grisácea cotidianeidad y convertida en un *acontecimiento* único, es decir, en lo contrario de lo eterno. Recordemos cómo las obras de Matisse, Vermeer, Picasso y otros han recobrado su "capacidad de divertir" con esas magnas y únicas retrospectivas: acontecimientos muy anunciados, festivos, casi carnavalescos, de los que todos hablan y hacia los que peregrinan masas de personas. Y compárese el entusiasmo suscitado por esas exposiciones excepcionales con el discreto interés que muestran los visitantes "normales" de esos museos en los que, todos los días, pueden contemplarse obras maestras.

Para llegar a ser un objeto de deseo, convertirse en una fuente de sensaciones, poder tener, en otras palabras, relevancia para los que viven en la postmoderna sociedad de consumidores, el fenómeno del arte debe manifestarse ahora como *acontecimiento*. La "experiencia artística" nace, ante todo, de la temporalidad del acontecimiento y, sólo en un segundo momento (en el supuesto de haya segundo momento) del valor extra-temporal de la obra de arte. En estos acontecimientos únicos y muy cacareados, la obra de arte se acerca a los requerimientos propios del objeto de consumo: puede maximizar el choque y evitar el aburrimiento, el *ennui*, que le arrebataría toda capacidad de despertar deseos, de divertir.

Es en esta modalidad del acontecimiento excepcional, en la sensación única y perecedera, donde los coleccionistas de sensaciones postmodernos sitúan los objetos a los que prestan atención. Todo en el mundo de la experiencia puede ser una fuente potencial de emoción, y todo se sopesa y considera según la importancia de ese potencial. La postmodernidad es una época de deconstrucción de la inmortalidad: el tiempo eterno decompuesto en un sucederse de episodios que se valoran y justifican en función de su capacidad para proporcionar una satisfacción momentánea. Una época que sustituye el patrón oro de la fama por la circulación fiduciaria de la notoriedad. Nada distingue el trato que reciben los objetos de arte: comparten la misma suerte que todas las otras cosas que mueblan nuestro mundo vital, nuestro *Lebenswelt*. No obstante, esta actitud postmoderna incide sobre las condiciones del arte de manera más decisiva, profunda y extensa que sobre cualquier otro objeto de la experiencia.

La endémica propensión del coleccionista de sensaciones a consumir (gastar, agotar) con avidez las cualidades excitantes de los objetos y de los acontecimientos acelera la devaluación y envejecimiento esos objetos. Esta propensión difícilmente puede logra satisfacción en el ámbito de los objetos extra-temporales, de los objetos inmutables como la eternidad que evocan. Atraída por el cambio y el movimiento, busca objetos que se ajusten a sí misma, que sean como ella: impacientes, siempre cambiantes, camaleónicos.

La cuestión es dilucidar si el arte que se acomoda a esta exigencia, que satisface la necesidad de acumular sensaciones sigue siendo fiel a su función, a la función que tuvo en tiempos pre-modernos y modernos: revelar la dimensión trascendental del estar-en-el-mundo, traer al mundo de lo pasajero y lo temporal elementos que resisten al paso del tiempo y desafían la norma universal del envejecimiento, el olvido y la desaparición. O quizá se trate de lo contrario: quizá la versión postmoderna de la "inmortalidad momentánea", una inmortalidad experimentada como un instante de sensaciones, una inmortalidad que fenece, una inmortalidad temporal y mortal como todo lo demás en la vida, ¿anuncia la decadencia e incluso la muerte de la función tradicional del arte?

Instalaciones montadas mientras dure la exposición y desmontadas el día que acaban, *happenings* que duran lo que dure la atención de los viandantes, envolver con plásticos el puente de Brooklyn sólo por unas horas... este tipo de obra de arte nace, como todo en el mundo postmoderno, para morir inmediatamente. Y los buscadores de sensaciones las aprecian por lo familiar y reconfortante que les resulta el carácter pasajero e inconsecuente de estas obras y ciertamente no porque les inciten a pensar en cosas más elevadas y duraderas que sus tribulaciones cotidianas.

Con el barro de las emociones pasajeras, ¿se pueden esculpir valores eternos? ¿Puede el arte convertir lo efímero en un tema eterno? A mi entender, la obra de Damien Hirst va por ahí: cómo hacer que la carne –la encarnación misma de lo mortal-, escape a la cruel secuencia de la senilidad, la desintegración y la desaparición.

Malcolm Morley, por ejemplo, pretende transformar la destrucción en un acto creativo y arrebatarle así a la destrucción su siniestro aguijón, su monopolio de lo irrevocable. Su cuadro "Desastre" representa una destrucción íntimamente ligada a una creación: la visión de una obra de arte parcialmente destruida pero en parte reconstruida después de su destrucción, todo de una forma que no se distinguen la obra original, los desechos, lo reconstruido y el olvido de lo reconstruido. La obra de Braco Dimitrijevic "Passant que j'ai rencontré à 11h09, Paris 1971" es una instalación de enormes paneles que reproducen el retrato de un peatón que el autor encontró casualmente en las calles de París: el accidente de colgar los retratos saca al accidental viandante y al accidental encuentro del mar de los anónimos peatones sin cara y de los acontecimientos desapercibidos, olvidos, intrascendentes. Pero esos retratos quedan colgados solo un momento antes de regresar al abismo de lo inexistente.

A finales de los años 1960, Sol Lewitt introdujo en el lenguaje común la expresión "arte conceptual" para referirse al esfuerzo de preservar la extra-temporalidad del arte del torbellino de lo breve y efímero. Para Lewitt, "arte conceptual" significaba lograr ese milagro separando y aislando completamente lo que el arte tiene de potencialmente eterno –por cuanto inmune al paso del tiempo y a las leyes de la física o la biología-, de la forma material –y por ello perecedera-, de expresión, de todo aquello que perciben los sentidos y que, por ello, queda contaminado por lo contingente, frágil y pasajero. La esencia del arte estaría en la idea no en su realización, una realización que podrá ser plural y variada pero siempre inconcluyente y mortal. La inevitabilidad de la muerte queda asociada con la realización material, tangible, sensual de la idea, pero no con la idea misma. Lawrence Wiener sacó la conclusión lógica de las reflexiones de Lewitt: el arte pertenece al proceso verbal del pensamiento, mientras que sus manifestaciones o representaciones materiales pertenecen que quienes las miren, para los que el contenido eterno del arte vendrá a ser como una guía o estímulo para muchas, pero siempre momentáneas, experiencias.

¿Qué se sigue de todo esto? Sin duda algo, aunque no sabría decir exactamente el qué. ¿Conseguirá el arte ser la última muralla defensiva de la inmortalidad, de una inmortalidad deconstruida con ahínco y gozo por las fuerzas conjuntas del consumo y los postmodernos buscadores de sensaciones? Y si no logra cumplir esa función, ¿habrá llegado entonces a su fin el largo romance de la humanidad con lo supra-humano, con lo extra-temporal, con lo inmortal? Y si esto ocurre, ¿cuál será entonces la suerte de la cultura, que nació de ese romance y creció bajo su sombra y cobijo?

No sabría dar ninguna repuesta concluyente a estas preguntas. Pero estoy seguro que el planteárselas tiene para el arte, y no sólo para el arte, la misma relevancia que la cuestión a la que estas preguntas se refieren: es, en efecto, una cuestión de vida o muerte.

Modernidad líquida: arte líquido

Lo que sigue es la trascripción de cuatro conferencias celebradas en el CentreCATH de Leeds en torno al concepto de *modernidad líquida* desarrollado en los últimos años por Zygmunt Bauman. Partiendo de la influencia que las aportaciones de Bauman están teniendo en otras disciplinas académicas, las conferencias abordan cuestiones como la fluidez, la transformación, el derroche o la destrucción no ya en el análisis estrictamente sociológico sino en el ámbito del arte, en el del estudio de la complejidad o en la práctica artística. Se suscita así, como señala Griselda Pollock, un encuentro transdisciplinar entre un sociólogo de la modernidad líquida, un sociólogo de la sociedad de la información y un artista.

Bauman, en concreto, ofrece aquí, por primera vez de un modo sistemático, su visión del arte en el contexto de la modernidad líquida. Estableciendo un vínculo entre su teoría y los planteamientos que, ya en los años 1960, hiciera Gustav Metzger en torno al *arte auto-destructivo*, Bauman se refiere a la dinámica del consumismo de nuestros días, una dinámica que exige siempre nuevas cosas y genera, en consecuencia, un constante derroche y un fluir de desperdicios.

La conferencia de Bauman gira en torno a su viaje a París en cuyas galerías más famosas pueden verse manifestaciones claras del arte líquido de nuestros días. Las obras de Villeglé, Valdés y Braun-Vega reflejarían características propias de lo líquido-moderno: creación y destrucción, el desesperado afán por llamar la atención, un tiempo sin destino final.

Gustav Metzger es un artista relevante por su capacidad para abordar, desde el arte, ya sea, en el pasado, las crisis políticas y culturales de la posguerra europea como, ahora, los actuales procesos desestabilizadores. El principal esfuerzo de Metzger se centra en el análisis del imaginario inconsciente de nuestras sociedades, unas sociedades violentas. Sostiene que las "dos culturas" de C.P. Snow han quedado relegadas por la "tercera cultura", mucho más integradora y que podría ser capaz de contrarrestar los peligros de nuestra época: manipulación y opresión, ambivalencia de las tecnologías, destrucción de la naturaleza, etc.

Partiendo de los conceptos de complejidad y turbulencia, Antony Bryant desarrolla algunas ideas de Bauman para señalar que, aunque Bauman no pretende ofrecer soluciones a las paradojas de la modernidad líquida, quizá la teoría de la complejidad sí pueda hacerlo, especialmente, al indicar que el caos aparente quizá sí genera algún tipo de orden. Bryant también nos recuerda que debemos tener presente 'la otra cara' de la modernidad líquida: no sólo turistas, también vagabundos; consumo pero también derroche; flexibilidad que también es inseguridad.

Antony Bryant

Modernidad líquida y análisis transdisciplinar de la cultura

Griselda Pollock

En el año 2000, Zygmunt Bauman publicó un libro titulado *Modernidad líquida*. Prosiguiendo su análisis de los desarrollos de la Modernidad, Bauman recurre ahí a la noción de fluidez como metáfora con la que poder comprender un cambio sutil pero de gran alcance: aunque el "todo lo sólido se desvanece en el aire" del *Manifiesto comunista* pueda seguir entendiéndose como el impulso revolucionario que espolea al capitalismo industrial, ya no es lo mismo una solidez que se desvanece para consolidarse de nuevo (en una sucesión de sistemas socioeconómicos o políticos) que una fluidez que se hace permanente falta de solidez.

Todo el imaginario de la estabilidad social, del orden social (y sus contrarios: las convulsiones violentas, el cambio revolucionario) habría perdido vigencia. La articulación política del orden se antojaría hoy en día algo extraño –quizás, incluso, irrelevante-, en un presente que se habría desecho de los grandes sueños, de los ambiciosos diseños, de los programas, los modelos, los planes.

El cambio ya no sería tránsito hacia un nuevo orden sino condición permanente de algo que carece de orden. Así, nuevas imágenes estarían adquiriendo relevancia en cuanto reflejos de esta nueva conciencia y de sus condiciones de existencia: la información por encima de la comunicación, el viaje, el movimiento, el desplazamiento... Escribe Bauman:

> Viajar ligero de equipaje, y no ya asiendo objetos tenidos por atractivos por su fiabilidad y solidez –por su peso, consistencia y resistencia– es ahora un hecho de poder. (2000: 13)

Esto significaría que el cambio de lo sólido a lo líquido respondería a los deseos de los poderosos, de los económicamente poderosos, que lograrían mejor sus propósitos invirtiendo la lógica que otrora les servía. En lugar de asentamientos, territorializaciones, economías nacionales o entidades políticas, en lugar de la ciudad en cuanto símbolo de contención de lo transitorio, en lugar del orden y la disciplina necesarios a la producción y al consumo, la fase líquida de la modernidad estaría desdibujando fronteras, deshaciendo confines.

> La desintegración de la trama social y el desmoronamiento de las agencias de acción colectiva suelen señalarse con gran ansiedad y comprenderse como "efecto colateral" de la sobrevenida levedad y fluidez de un poder cada vez más móvil, escurridizo, cambiante, evasivo, huidizo. Pero la desintegración social es tanto una condición como el resultado de la nueva técnica de un poder que hace del desentendimiento y del arte de escapar sus principales bazas. (p. 14)

Bauman cifra el alcance del poder global en su capacidad para extender esta liquidez a los ámbitos nucleares de nuestra experiencia: a nuestros usos sociales, a nuestra percepción del tiempo y del espacio, a la individualidad, al trabajo o la comunidad. En *Modernidad líquida*, Bauman menciona situaciones que reflejan las presiones y las consiguientes angustias generadas por esta modernidad globalizadora que aún no entendemos plenamente. No sorprende que el libro acabe con un fascinante epílogo titulado "Acerca de escribir; acerca de escribir sociología", que no deja lugar a ninguna coartada funcionalista:

> Se deduce que *la sociología es hoy en día más necesaria que nunca*. La tarea de los sociólogos, la tarea de devolver visibilidad al eslabón perdido entre la tribulación objetiva y la experiencia subjetiva, se ha vuelto más vital que nunca … la sociología es una rama del conocimiento cuyo problema práctico es el esclarecimiento del entendimiento humano. La sociología es el único campo del conocimiento en el que queda cancelada la famosa distinción que Wilhelm Dilthey estableció entre explicación y comprensión. (p. 222)

¿Qué aporta la "sociología de la modernidad líquida" de Zygmunt Bauman al análisis de la cultura? ¿Cómo ha de explorarse el concepto para que resulte útil también en el campo de los estudios culturales, ya sean teóricos o históricos? En las conferencias que aquí se presentan, pretendemos suscitar un encuentro transdisciplinar entre un sociólogo de la modernidad líquida, un sociólogo de la sociedad de la información y un artista que ha hecho del compromiso y del análisis social el motivo de su obra artística. Se trata de asumir el reto de pensar con conceptos procedentes de otros campos y superar así la actual división de los conocimientos: sociología, informática, filosofía estética, estudios culturales. Se trata de transdisciplinariedad.

La transdisciplinariedad no es simplemente otra manera de llamar a la interdisciplinariedad: ese multifacético pero ya conocido ejercicio de juntar aportes de distintas disciplinas para producir un determinado resultado —un ingeniero y un fisiólogo diseñando una válvula coronaria. Tampoco es un ejercicio muldisciplinar que, recolectando de entre varias disciplinas, crea un nuevo campo del saber, como es el caso de los estudios culturales. La transdisciplinariedad no renuncia a la especificidad de cada disciplina pero pretende crear un ámbito de encuentro en el que pueda surgir un nuevo conocimiento, precisamente, de esa intersección, de esa transversalidad, de ese compartir un concepto inicialmente nacido dentro de un determinado campo. Algo no muy distinto a lo que apunta Bauman con su noción de modernidad "líquida": una teorización de los actuales procesos socio-culturales que haga un uso transdisciplinar de términos normalmente destinados a usos más específicos.

En el siglo XIX, las universidades de Alemania, y de Europa, delimitaron los campos del conocimiento como territorios académicos diferenciados en disciplinas: cada una con sus propios métodos, tradiciones y *ethos*, cada una con su propio objeto de estudio. Esta cartografía específicamente moderna del conocimiento disciplinar –o este *disciplinar del conocimiento*– era un reflejo, como señala Bill Readings (1996), de la formación de los Estados nacionales, con sus promesas de identidades firmes, de pertenencia, de comunidad, de entidades política y económicamente definidas. El estudio de las culturas y las sociedades, de los idiomas y la historia estaban al servicio de las identidades y de la creación de naciones y pueblos bien delimitados: estas disciplinas teorizaron las estrechas relaciones entre naciones, lugares y culturas, y acompañaron la configuración de las emergentes economías capitalistas.

En la década de los 60 del siglo XX, los grandes procesos socioeconómicos empezaron a desbordar las fronteras de las economías nacionales hasta prescindir de ellas y generar unas presiones internas y externas que trajeron no pocos cambios a la academia: nacieron entonces los modelos interdisciplinares de conocimiento y estudio. El término 'interdisciplinar' se ha convertido en una palabra de uso corriente, aunque no se acabe de entender bien qué significa ni en qué medida da cuenta de las luchas que se están produciendo entre los distintos campos por imponer sus respectivos conocimientos.

Lo transdisciplinar, por su parte, refleja un intento de desterritorialización, tanto histórica como ideológica, de los procesos cognitivos en la medida en que procura abrir y desmantelar las fronteras que separan tanto las antiguas disciplinas como las nuevas prácticas interdisciplinares –que han acabado institucionalizándose como las primeras. Nos conviene analizar con detenimiento las posibilidades de entablar intercambios y diálogos que contribuyan a fomentar el pensamiento crítico y puedan aportar mayores conocimientos más allá de esta interdisciplinariedad que se ha institucionalizado y que anda buscando su propia excelencia concentrándose, ella también, en objetos específicos de estudio.

Zygmunt Bauman lleva años insistiendo en la necesidad vital de practicar la sociología crítica para poder comprender lo que está ocurriendo en nuestros mundos reales, en nuestras experiencias concretas de vida ya sea social, grupal o individual. Superando la mera observación para adentrarse en el diagnóstico, Bauman ha señalado fenómenos como la merma de la esfera pública, la erosión del ciudadano ante el consumidor, el sometimiento del cuerpo a disciplinas dietéticas, la intensificación de la individualización en cuanto proceso continuo de construcción del yo con los bienes comercializados por un capitalismo global cada más invasivo e invisible. Bauman no es, sin embargo, un Jeremías que se lamente ante los cambios.

En este sentido, el que Bauman califique la teorización que hace de nuestra época no como "postmoderna" sino como "líquida" es un intento por acercar sus reflexiones a un público no especializado, a un espacio no familiarizado con los debates e ideas de la sociología académica. Todos somos conscientes de que las cosas están cambiando continua y rápidamente y, acaso, el término "postmoderno" sirva para acompañarnos en el trance y hasta para comprender algo. Pero como dijo Bauman hace ya bastantes años, no necesitamos una sociología postmoderna sino una *sociología de lo postmoderno*. Necesitamos tener conciencia crítica de los procesos que nos están configurando y de los que no tenemos escapatoria; debemos entenderlos para poder proceder en ellos como actores sociales, es decir, conforme a aquellos ideales democráticos de ciudadanía y participación en el ámbito de lo público. Bauman nos incita a sopesar el paso desde esa modernidad sólida, definida, territorializada, nacionalizada, a esta modernidad no ya *post* sino líquida. *Líquido* es un adjetivo que refleja los efectos de la globalización, de las migraciones, el nomadismo, el turismo, Internet, la telefonía móvil, etc. Un mundo y unas subjetividades que se redefinen interactuando con ese enorme y fascinante potencial que ofrecen las nuevas tecnologías de la información. En este sentido, y para suscitar un encuentro transdisciplinar, hemos invitado al profesor Bryant para que dialogue con Bauman en torno a su teorización de la modernidad líquida. Antony Bryant está especialmente capacitado para tender puentes entre la informática y el análisis sociológico y, de hecho, en su último libro recurre a algunas ideas de Bauman para desmitificar las nuevas tecnologías y las promesas de la "sociedad de la información" y para acotar la relevancia social e individual de esas tecnologías.

Todo proyecto intelectual que se quiera productivo deberá contar con pensadores sociales que realmente sepan dar cuenta de lo que está ocurriendo en nuestro mundo: globalización, nuevas tecnologías, etc. Pero junto a estas personas que logran componer marcos estructurales, describir grandes tendencias o realizar síntesis epocales, debemos contar también con otro tipo de intelectual, otro tipo de pensador de lo social y lo cultural: el artista, a menudo ubicado hoy en día, ya sea por elección o no, dentro del mercado de la industria del entretenimiento. Si algo ha señalado el paso de lo sólido a lo líquido es el definitivo fin de las vanguardias artísticas. Lo que resulta relevante ahora es analizar, prescindiendo de nostalgias o celebraciones, ese hiato entre las vanguardias históricas y el momento actual del arte.

El tercer participante en este encuentro transdisciplinar es Gustav Metzger. Metzger –que como Bauman es un exilado de la vieja Europa Central– es un reflejo de esa ruptura entre las vanguardias y el arte de hoy, y lo hace con unas palabras y unas obras que logran interrumpir el fluir de las cosas –especialmente, el ingente fluir de información en los medios de comunicación– para darles significado. Llegado como refugiado al Reino Unido en los años 1940 desde su Nuremberg natal, Metzger conoció a David Bomberg del que recogió toda una tradición de contestación política dentro del arte. A finales de los años 1950, con sus primeros manifiestos y sus obras destructivas, arremetió contra la mercantilización y la creciente indiferencia política del mundo del arte. Fue el promotor del importante simposio sobre "Destrucción en el arte" celebrado en Londres en 1966 que reunió, en un ejercicio transdisciplinar y transnacional, una serie de artistas que compartían el mismo propósito de denunciar la corrupción mercantilizadora del arte y los peligros que para la sociedad suponía el desarrollo de las tecnologías destructivas −armas, degradación medioambiental, alimentos alterados, etc. En la era de la información masiva, lo que antes era un gesto individualista en el contexto del juego entre vanguardias y público burgués, adquiere un nuevo significado: es una reivindicación de individualidad, un expresarse desde la propia singularidad y no como un individuo fabricado con identidades preestablecidas y comerciadas. Se trata de un gesto radical que paraliza el fluir, que nos exige reflexión ante una obra que debe ser descifrada, que reclama nuestra participación. En su serie *Historic Photographs* de 1990, el espectador no podía ver las imágenes expuestas salvo si se enfilaba debajo de unas sábanas o si despejaba montones de tablas que tapaban las imágenes. La *historia*, para Metzger, exige una aproximación activa, un esfuerzo, una implicación gestual con los significados. En 1998, la primera retrospectiva dedicada a Metzger organizada por el Museo de Arte Moderno de Oxford pudo mostrar a las nuevas generaciones la continuidad de su obra, su anticipación y su compromiso con el análisis de la compleja relación entre destrucción y creación.

La práctica artística puede ser uno de los momentos más señalados del pensamiento crítico: necesitamos del *ethos* de esos artistas que interrumpen el fluir de la cultura, que destruyen nuestras ilusiones y nos muestran el carácter destructivo de la producción, del consumo o de la ceguera social. Metzger nació en 1927, dos años después que Bauman, y, al igual que Bauman, su juventud quedó marcada por la destrucción y el terror fascistas. Enviado a Inglaterra con los Kindertransports –que salvaron vidas a costa de alejar a los niños de sus familias y de sus casas-, Metzger irrumpió como artista en plena Guerra Fría, con su carrera armamentística, con la amenaza de la destrucción nuclear, con el enfrentamiento letal entre los dos principales sistemas de la modernidad –el capitalismo y el totalitarismo.

Este diálogo transdisciplinar en el que, desde sus respectivas especificidades, conversan la sociología, la informática y la estética debe abordar cuestiones relevantes y ayudarnos a comprender mejor los dilemas actuales de esta modernidad que no cesa de fluir.

Bibliografía

- Bauman, Z. (2000) *Liquid Modernity*, Cambridge, Polity.
- Bryant, A. (2006) *Thinking Informatically: A new Understanding of Information, Communication and Technology*, Lewiston, NY, Edwin Mellen.
- Readings, B. (1996) *The University in Ruins*, Cambridge, MA, Harvard University Press.

Arte líquido

Zygmunt Bauman

Sin duda, resulta pertinente seguir analizando el devenir de la modernidad líquida teniendo presente la extraordinaria obra de Gustav Metzger, un gran artista y un destacado teórico del arte. Imaginen que la sociedad, cualquier sociedad, fuera como una enorme habitación, llena de muebles, con cuadros en las paredes, artilugios de todo tipo –rincones oscuros, escondrijos y grietas, y con muchas, muchísimas puertas que se abren sobre esa habitación. Imaginen que junto a cada puerta hay un interruptor pero que cada interruptor enciende una luz de distinto color. Quien esté familiarizado con la fotografía sabrá que, al usar filtros de color, especialmente en las fotos en blanco y negro, el resultado cambia mucho según el filtro que se use: elementos que estaban en la sombra quedan plasmados con claridad y otros, iluminados no aparecen en la foto. Imaginen que entran en la habitación cada vez desde una puerta distinta, encendiendo cada vez una luz distinta.

Pasaré, pues, por estos umbrales del arte para asomarme así a la sociedad líquido-moderna y lo haré teniendo presente esa idea que ya formulara Metzger hace muchos años: el arte surge de la conciencia y de la sensación de que la línea divisoria entre lo generativo y lo destructivo es evanescente.[1] Meztger también apuntó a la posibilidad de que los elementos que componen una obra ya tuvieran, desde la misma concepción de ésta, marcada su finitud: y lo demostró con sus enormes lienzos de escayola que iban perdiendo trozos poco a poco. La destrucción de la obra ya estaba prevista en el momento de su creación.

Para ponerme al día sobre la situación del arte me fui a París: ¿dónde si no? En París está lo último, ahí se puede ver lo que se está haciendo y descubrir no pocas cosas que interesan al tema que estamos abordando. Pude ver, especialmente, la obra de tres artistas.

El primero es Jacques Villeglé. No había oído hablar de él hasta entonces, pero en París estaba por todas partes: en cualquiera de las galerías que se precien de esnobs, elegantes o de prestigio de Rue de la Seine o Rue Jacob, en el Centro Pompidou, hasta en la feria de Arte del Louvre Carrousel. Pude ver al menos diez de sus obras: unos enormes lienzos. ¿Qué propone Villeglé? Él va paseando por París con una cámara fotográfica y tomando fotos de las vallas publicitarias y de las paredes que han quedado cubiertas por el incesante y ubicuo flujo informativo de una ciudad como París. Las paredes que plasman los lienzos de Villeglé y que recubren las paredes de las galerías de arte son las paredes de la ciudad, el constante y vivo reflejo de la más moderna de las artes: el arte del moderno vivir. Unas superficies que muestran, desvelan, registran el, a veces evidente otras subrepticio pero siempre inexorable, trabajo de vivir; superficies trasladadas a las paredes de los museos donde se convierten en obras de arte. Los lienzos de Villeglé son paneles sobre los que se pegan avisos y anuncios, carteles y publicidad o, también, esos cachos de pared que a mala pena separan los espacios residenciales de los comerciales y cuya originaria incolumidad no pudo resistir las tentaciones de los grafiteros, anunciantes, carteleros y demás: una tentación difícilmente resistible en una ciudad postmoderna que rebosa de señales y sonidos que reclaman atención. (¿No son los car-

teles las semillas de una sociedad de la información que invade cualquier pedazo de tierra aún yermo? ¿No son como las semillas en el jardín de la información? ¿No son las paredes vírgenes la versión actualizada de ese 'vacío' que toda naturaleza –en este caso, la naturaleza de la sociedad de la información– aborrece?)

¿Qué muestran esas imágenes de Villeglé? Sus lienzos llevan títulos como Boulevard de la Marne, Rue de Zirco, Haussman, Malherbes, Rue Littré y otros por el estilo. Nombres que se corresponden con los distintos lugares de París que Villeglé fotografió. Lugares distintos para fotos curiosamente parecidas: vemos, en definitiva, unos carteles que luchan por hacerse un hueco y que consiguen dejarse ver destruyendo el sitio de otros carteles: tiras de papel, frases inacabadas o frases sin inicio, bocas abiertas que nada anuncian, caras con un solo ojo o una oreja... creación y destrucción mano de la mano. Estas natures mortes, estos bodegones de vallas y paredes están llenos de vida. Reflejan la lucha por llamar la atención, una atención que se consigue gracias a la muerte, a la destrucción del que también está en esa lucha. Los enormes lienzos de Jacques Villeglé son reflejos de una historia que discurre: que discurre haciendo de sus propios rastros jirones. La Historia es una fábrica de deshechos: no es ni creación ni destrucción, ni aprendizaje ni olvido sino prueba viviente de la futilidad de esas distinciones. Nada nace para vivir por mucho tiempo, pero tampoco nada muere.

Manolo Valdés es otro gran artista omnipresente en París. Lo que ahí vi de Valdés era una misma cara pintada una y otra vez. Acaso el verbo "pintar" no sea el más conveniente: hace composiciones, collages, junta fragmentos y lo que resulta llamativo es que sus lienzos están hechos con tela arpillera, lienzos de cáñamo y yute. Los collages de Valdés son cuidados trabajos de yuxtaposición, capa tras capa, de trozos de arpillera, algunos teñidos, otros con el crudo color del cáñamo, unos dispuestos para ser pintados, otros goteando trazas de una pintura que ya les fue dada. Pero estos trozos ¿se yuxtaponen o, al contrario, son desgarrados de un lienzo que ya estuvo acabado, completado, que ya fue completo, que llegó a no tener costuras? Los trozos no acaban de estar pegados, algunos quedan colgando, pero, insisto, no se sabe si están por ser pegados a los otros trozos o, al contrario, si acabarán desprendiéndose, soltándose. Estos collages, ¿los vemos mientras-se-están-creando o mientras-se-están-descom

poniendo? Esos trozos de arpillera, ¿aún deben acoplarse o ya se están desacoplando? Trozos ¿nuevos y expectantes o usados y decaídos? Como en las fotos de Villeglé, son tiras que cuelgan: pero ¿van o vienen?, ¿suben o bajan? Los cuadros de Valdés gritan estas preguntas y dan una respuesta: no se sabe. No hay ninguna diferencia entre creación y destrucción. Son dos procesos que dependen del momento en que se tome la instantánea, dependerá…, pero, de hecho, viene a ser lo mismo.

El tercer artista es...[1]

---

[1]. Nota del editor:
Habiéndose ya iniciado los trabajos de edición y traducción del presente libro, llegó a ediciones sequitur una comunicación de la editorial SAGE, gestora de los derechos de publicación de las 'cuatro conferencias de Leeds', señalando que sequitur (que firmó contrato de cesión –y pago– de derechos con SAGE) sólo podría publicar la versión española de esas conferencias si eliminaba las menciones que a Herman Braun-Vega hace Zygmunt Bauman en su conferencia.
Así lo hemos hecho.
No obstante y con objeto de no romper la continuidad del discurso, reproducimos a continuación lo que sobre Herman Braun-Vega escribe Zygmunt Bauman en su libro *Liquid Life*.
Sobre esta cuestión, véase el parecer de Braun-Vega en el último capítulo de este libro.

"Braun-Vega, que ha expuesto en el quinto salón ferial Art Paris, en el interior del Carrusel del Louvre, pinta lo que podríamos llamar encuentros imposibles: un desnudo de Velázquez en compañía de las bañistas de Avignon de Picasso, observado por un policía parisino ataviado con la indumentaria normal del siglo XXI; el papa Pío XI leyendo una declaración reciente de Juan Pablo II en un periódico; los alegres campesinos de Bruegel brincando en un vanguardista restaurante de *nouvelle cuisine*. ¿Encuentros *imposibles*? En un mundo de vida moribunda y muertos vivientes, lo improbable se ha vuelto inevitable, lo extraordinario es ya rutina. Todo es posible (ineludible, de hecho) toda vez que la vida y la muerte han perdido la distinción que las dotaba de significado y han pasado a ser igualmente revocables y sujetas a un "hasta nuevo aviso". A fin de cuentas, era esa distinción la que otorgaba al tiempo su linealidad, la que separaba lo efímero de lo duradero y la que inyectaba sentido en los conceptos de progreso, degeneración y punto sin retorno. Desaparecida tal distinción, ninguna de esas contraposiciones constituyentes del orden moderno conserva sustancia alguna."

De la versión en español, traducción de Albino Santos Mosquera: *Vida Líquida*, Paidós, Buenos Aires, 2006, p.89.

Estos tres artistas son, a mi entender, muy propios de la era líquido-moderna. Hacen el arte de la modernidad líquida: cuando el tiempo fluye pero ya no discurre, no se encamina. El cambio es constante y ya no hay conclusión: una secuencia incesante de nuevos inicios donde, como ya dijo Metzger hace años, la destrucción final del objeto ya está incorporada en él desde su concepción.

La modernidad líquida puede definirse como un estado que anula las importantes dualidades que definieran el marco de la antigua y sólida modernidad: la oposición entre artes creativas y destructivas, entre aprender y olvidar, entre ir hacia delante y retroceder. La flecha del tiempo ya no tiene punta: tenemos flecha pero sin punta.

Estos tres artistas no están solos: forman parte de una tendencia muy generalizada en el arte actual. Un arte que se distingue del de la vieja era, ese arte sobre el que ya hablara, por ejemplo, Hannah Arendt. Para Arendt lo propio de las grandes obras de arte es que, aunque pasen los siglos, siguen suscitando las mismas emociones, las mismas experiencias artísticas. Estos artistas de la era líquidomoderna, por el contrario, se centran en acontecimientos pasajeros: acontecimientos de los que, de entrada, se sabe que serán efímeros. Saben que el arte como acontecimiento, no ya el arte como obra, concluirá pronto. Los artistas diseñan y montan instalaciones que son *happenings*: duran lo que dure la exposición, acabada ésta se desmontan y desaparecen. Crean obras que quedarán expuestas a las inclemencias del tiempo y que acabarán desintegrándose. Intencionadamente, trabajan con materiales frágiles y friables, a diferencia de los artistas de antes que buscaban los secretos de los tintes y de los materiales para que sus obras perduraran eternamente.

Como dijo de Kooning: "el contenido es un atisbo" (1992:90). Y no hace mucho, Yves Michaud –para mi, el teórico del arte contemporáneo más importante de nuestros días– lo resumió con estas palabras: "Vivimos en un espacio en el que la estética celebra su triunfo final vaciándose de obras de arte" (2003). La estética se adentra hasta por entre el último escondrijo, la última grieta de nuestro mundo, al mismo tiempo que la obra de arte desaparece. Tuve el primer atisbo de esto viajando por el Norland, la región más septentrional de Noruega. Pude ver ahí unas esculturas en medio de la nada, en los lugares más insospechados: esculturas de grandes artistas, a los que se les había pagado para colocar ahí sus obras. Entre ellas estaba una instalación del lituano Gediminas Urbonas: puso cuatro contenedores en medio de un monótono y aburrido paisaje polar, sobre la loma de una colina que se asomaba sobre la carretera. Los contenedores eran considerablemente altos, de suerte que suscitaban la curiosidad de todos los que pasaban por ahí: la gente paraba los coches y subía la colina para ver qué había en los contenedores. En tres de ellos había objetos. Uno contenía un objeto de arte al uso, otro un objeto industrial, el tercero un objeto curioso. El cuarto estaba vacío. Y lo interesante es que la gente se demoraba en torno al cuarto contenedor, el que no contenía nada. Estaban liberando el sentido del vacío, liberando el *destino final* de la obra de arte.[2]

Creo que, aún simplificando en exceso, cabe decir que en el mundo de la modernidad líquida, la solidez de las cosas y de las relaciones humanas se percibe como una amenaza. Esta es la gran diferencia entre la etapa sólida de la modernidad y su etapa líquida. No hace muchos años, la principal preocupación de la modernidad-aún-sólida o nostálgicamente sólida era la viabilidad del centro. Sostengo que la modernidad líquida rehuye el centro. En la cacofonía de los sonidos y la barahúnda de imágenes –un calidoscopio en permanente cambio– no hay ningún centro que pueda venir a condensar, solidificar, fijar las cosas.

Hojeando las lujosas revistas y los elegantes suplementos, incluso, de los periódicos serios, veremos que cada número ofrece multitud de consejos sobre lo que hay que hacer, lo que hay que tener, lo que hay que llevar y demás. Y a menudo, en la página siguiente, encontramos consejos de otro tipo: sobre lo que ya no se lleva, lo que hay que descartar, abandonar. La modernidad líquida es una situación en la que la distancia, el lapso de tiempo entre lo nuevo y lo desechado, entre la creación y el vertedero ha quedado drásticamente reducido. El resultado es que convergen en el mismo acto la creación destructiva y la destrucción creativa. Esto me recuerda una de esas ciudades invisibles del gran escritor Italo Calvino: la ciudad que llamó Leonia. La opulencia de los lugareños se medía ahí no tanto por las cosas que cada día fabricaban, compraban o vendían, sino por las cosas que cada día tiraban para dejar sitio a las novedades: el goce de deshacerse de las cosas, descartarlas, tirarlas era la verdadera pasión de Leonia.

Usamos, compramos, deseamos cosas que, sin embargo, tiramos sin escrúpulos ni miramientos tan pronto como aparecen cosas más llamativas. Este desprenderse, este deshacerse también opera con los seres humanos. Quizá pueda sorprender, quizá piensen que exagero, pero basta mirar, como hacen no pocos terrícolas, los programas más populares de la televisión, los llamados *reality shows*: *Gran hermano* y demás. La gente se queda absorta ante la pantalla porque ve ahí su propia experiencia, el secreto de su existencia, sus temores y pesadillas más íntimos. Todos estos programas son ensayos públicos de prescindibilidad: la desechabilidad de los seres humanos y de las cosas. Cosas y humanos están en la misma condición, forman parte del mismo proceso.

La ciudad de Los Ángeles es un buen ejemplo de esa habilidad para coger la fama de hoy y convertirla en la novedad de un pasado olvidado. Un importante estudio de arquitectos de Los Ángeles, Marmol Radziner and Associates, hizo algo nada habitual en esa ciudad. Cogieron una casa construida en 1946 y que, claro, desde entonces, había sido cambiada, rehecha, reconstruida no pocas veces –una casa que había pertenecido poco antes al cantante Barry Manilow– y recuperaron su aspecto de 1946. Sorprendentemente esta operación resultó ser un gran éxito y Marmol Radziner se convirtió en un estudio muy solicitado, se hicieron ricos. Les entrevistaron no hace mucho y dijeron que se apuntaban a una idea romántica: el sueño de crear cosas intemporales. Pero aclararon el concepto: "soñamos con construir bellos edificios que duren unos veinte años". He ahí la intemporalidad (véase Ogundenhim, 2003).

Solemos calificar a nuestras sociedades como sociedades de consumo, pero quizá no entendamos bien qué es el consumismo. Nuestra imaginación aún depende de una tradición que recordamos vagamente por nuestra juventud o por viejas historias que hemos oído. Pensamos que el consumismo es un ansia por adquirir, un deseo de acumular, de tener siempre más. ¿Sigue siendo así? Creo que el secreto del actual consumismo está en la rapidez, en la disponibilidad a prescindir de las cosas y no en la acumulación: no en la adquisición sino en el cambio. Deshacerse de lo que había para sustituirlo con otras cosas, con cosas nuevas. Resulta ya muy difícil ver alguna publicidad que recomiende un producto porque sea duradero. Quizá los únicos productos que se anuncian como duraderos, casi indestructibles, son los CD-ROMs y los varios soportes en los que se graban y guardan datos. Pero la indestructibilidad no es aquí tanto signo de permanencia como promesa de que se podrá borrar infinitamente lo guardado para grabar cosas nuevas.

La vida de la modernidad líquida es un ejercicio cotidiano de fugacidad universal. Los objetos útiles e indispensables de hoy son, casi sin ninguna excepción, los desechos de mañana. Todo es prescindible, nada es verdaderamente necesario, nada es insustituible. Todo nace con la marca de la muerte. Todo se propone con fecha de caducidad. Todo, todo lo nacido o hecho, todo lo humano o fabricado es prescindible. Retomando el viejo y conocido dicho, diría que un espectro se cierne sobre el mundo líquido-moderno, sobre sus moradores y sobre todos sus productos y obras: el espectro de lo sobrante, el espectro de lo superfluo.

Así, afanarse tras las cosas, agarrarlas mientras están llegando, recién hechas y frescas: es estar "in". Ajustarse a lo que ya llegó es estar "out". John Kotter, profesor de la Harvard Business School aconseja a sus lectores que eviten los contratos de trabajo a largo plazo, que eviten caer en la cultura del empleo fijo (1995: 159). La lealtad con la empresa o acoplarse en exceso a un puesto de trabajo ya no resultan convenientes cuando las ideas empresariales, los productos, las estrategias de la competencia, los bienes de producción y cualquier tipo de conocimiento tienen vidas breves. Como decía Alberto Melucci: "nos vemos acosados por la fragilidad de un *presentismo* que busca pilares firmes ahí donde no existen" (1996: 43). Ante la visión del cambio estamos atrapados entre el deseo y el miedo, entre la anticipación y la incertidumbre.

Tras esta fugaz mirada sobre la modernidad líquida, podemos volver a la cuestión del arte e intentar comprenderla mejor. Los filósofos del arte siempre se las han visto con el problema de la belleza. La idea de la belleza estaba en el centro de la estética. Por mucho que discreparan y discutieran sobre todo lo demás, los filósofos del arte concordaban en que la belleza nada tiene que ver con las novedades efímeras. La belleza es prácticamente inmortal o, al menos, es duradera. Se reconoce por su longevidad y también por su presunto alcance universal. La belleza es pues intemporal y universal. Los filósofos intentaron dar respuesta a esta pregunta, pero ¿en qué consiste la belleza? Las ideas o descripciones más recurrentes apuntaban a la armonía, la proporción, la simetría, el orden y cosas por el estilo. Compartían una misma intuición y venían a decir lo mismo que ya se decía en tiempos del Renacimiento, lo que ya pudo decir Leon Battista Alberti cuando definió la idea de perfección. Perfección, para Alberti, es ese estado en el que cualquier cambio sería un cambio a peor. La perfección sería por tanto el resultado de unos sucesivos cambios que acaban con la necesidad o el deseo de seguir cambiando. El resultado final, el destino ideal de todos los cambios, de toda creación, es dejar de crear, dejar de cambiar, de modificar. El estado de perfección está ahí donde nada puede ser mejorado, donde cualquier pretensión de seguir enredando con lo que hay ya no produce nada mejor. Si miramos a los clásicos del arte moderno, a los modernistas, percibimos con claridad las señales de esa tendencia, de esa idea respecto a la finalidad, culminación, de la creación artística. Recordemos los cuadros de Mondrian, de Matisse, de Arp o de Rothko: intentaron dar con la composición final, definitiva, última, en la que nada puede ser mejorado. Tomemos, por ejemplo, las *Bailarinas* de Matisse, recortemos cada una de las siluetas e intentemos ordenarlas de otro modo. Concluiremos que cualquier otra disposición es peor que la que propuso Matisse. Lo mismo vale con Mondrian. Tomemos sus rectángulos de colores: los recortamos, los separamos e intentamos recomponerlos. Veremos que cualquier otra colocación resultará 'menor': estéticamente menos satisfactoria. Alcanzada la perfección, el mundo se para. Nada queda por hacer, nada ha de cambiar. Pero somos todos unos líquido-modernos y para nosotros la perfección, el que todo sea para siempre igual, no es un ideal, es una pesadilla.

La idea de belleza que informara el arte en la etapa de la modernidad sólida está pues en crisis porque transmite esa idea de estagnación: el fin del cambio, el fin de lo nuevo, de la experiencia y de la experimentación, el fin de la aventura. Esto confiere mayor peso a, y explica, lo que dije antes, a saber, que vivimos en un mundo saturado por la estética, pero un mundo en el que no hay objetos de arte, en el que no hay obras de arte. Sí, todavía hay algunas por ahí, pero están en los museos: y, acaso, podemos decir que lo que los cementerios son para los vivos, los museos son para la vida del arte. Los museos son lugares señalados que visitan personas señaladas en días señalados. También están apartados del alboroto del día a día. En los museos, como en los cementerios, no se alza la voz, no se come, no se bebe, no se corretea ni se tocan los objetos que ahí se muestran: se practica por imitación la quietud de lo que se vino a ver. El día a día es otra cosa: a diferencia de los cementerios, lo cotidiano es un escenario sobre el que se grita y se corre; a diferencia de los museos, el día a día es un lugar para la estética, no para las obras de arte. Fragilidad y transitoriedad mandan en el juego de lo cotidiano. Michaud se refiere al "nuevo régimen de atención que antepone el escaneo a la lectura, el descifrar a los contenidos" (2003: 120-1). Las imágenes fluyen, se mueven, son antes elementos en una cadena de cambios que espectáculos o datos: una reubicación de las imágenes.

Para concluir: esta reubicación o desplazamiento de las imágenes desde el centro de atención a la irrelevancia, a la casi-invisibilidad (una suerte de papelera portátil en la que tirar la atención) es fortuita, aleatoria. Daré un último ejemplo: una instalación llamada "La tierra prometida" que vi en una galería de Copenhague. Se trataba de una serie de pantallas de televisor dispuestas de un modo muy cuidado: por orden decreciente, por hileras que suben y bajan, etc. y cada una de esas pantallas repetía la misma imagen: las palabras "The Promised Land". Me pareció que esa instalación escondía y suscitaba no pocas reflexiones y me paré a pensar un rato sobre su posible significado, sobre el mensaje que podía estar queriendo trasmitir. Mi curiosidad venía además alimentada por el hecho de que al final de una de esas hileras de televisores, tras la última pantalla, en una esquina, había una escoba y un recogedor. Me puse a discurrir sobre el posible significado de este elemento final de la instalación cuando al rato apareció una mujer y recogió la escoba y el recogedor. Era la mujer de la limpieza: había dejado ahí los bártulos mientras se había ido a tomar un café.

Notas

1. Esto remite al *Arte auto-destructivo*, un término inventando en los años sesenta por Gustav Metzger. El número estivo de la revista *Ark* del año 1962 publicó su texto *Máquina, arte auto-creativo y auto-destructivo*. Ya desde finales de los años 50, Metzger, por ejemplo, echaba ácido sobre telas de nailon como una protesta contra las armas nucleares. El ácido iba transformando la forma del nailon hasta que éste se consumía: una obra simultáneamente auto-creativa y auto-destructiva.
2. A Robert Raunschenberg se le ocurrió una vez borrar parcialmente unos cuantos bocetos de de Kooning y venderlos junto con los bocetos originales: los incompletos con los completos.

Bibliografía

- Calvino, I. (1974) *Invisible Cities*, Londres, Vintage.
- de Kooning, W. (1992) *Écrits et propos*. París, Éditions de l'Ensb-a.
- Kotter, J. (1995) *The New Rules*, Nueva York, Dutton.
- Melucci, A. (1996) *The Playing Self: Person and Meaning in the Planetary Society*, Cambridge, Cambridge University Press. Se trata de una edición ampliada del original italiano (1991) *Il gioco dell'io*.
- Michaud, Y. (2003) *L'Art à l'état gazeux: essai sur le triomphe de l'esthétique*, París, Stock.
- Ogundenhin, M. (2003) "California Dreams", *Observer Magazine*, 12 enero: pp. 36-7.

La tercera cultura

Gustav Metzger

Quisiera mencionar aquí en una serie de cuestiones que vienen llamándome la atención: la llamada "tercera cultura", la extinción de las especies, los asteroides, la fotografía, la estética en la era del genoma. La tercera cultura se refiere al debate que inició C.P. Snow en 1959 con su conferencia Reith, cuando sostuvo que había una profunda división entre las dos culturas: la de los científicos por un lado y la del mundo literario británico, por otro. Sin duda, ese debate tuvo entonces no poca incidencia sobre mi actividad artística. Fue en 1959 cuando abandoné la pintura y la escultura y cuando publiqué el primer manifiesto del arte auto-destructivo.

Desde entonces, mucho han cambiado las cosas. La interacción entre científicos y artistas es ya un lugar común: la tercera cultura se impone y abarca a las distintas generaciones, a las clases, o los distintos grupos de renta. Es ahora global e incluye a los movimientos contestatarios en las cumbres mundiales. Es una respuesta por parte de quienes tienen la íntima convicción de que el mundo no puede seguir funcionado así, y también refleja su convicción de que las tecnologías y los recursos que se usan para controlarlas, para controlarnos, podrían usarse de otro modo: para atacar los regímenes opresivos. Abarca a aquellos que usan la tecnología y el conocimiento disponibles con la intención de acotar, subvertir y, quizá, cambiar el sistema de control que padecemos. Se trata de hacerlo desde la tecnología y desde los sistemas en que vivimos.

La extinción. Uno de los motivos centrales de mi reciente trabajo. Se trata de un asunto muy amplio que está siendo tratado desde muchos ámbitos. Sabemos que el régimen nazi se propuso exterminar todo un pueblo. Zygmunt Bauman ha escrito un importante libro sobre Auschwitz y el exterminio y su mujer publicó un libro sobre sus experiencias durante la Segunda Guerra Mundial en Polonia.

La cosmología nos plantea la cuestión del inevitable final de nuestro mundo y de otras galaxias más allá de nuestro tiempo de vida. En los últimos 30 o 40 años –desde la última gran guerra, la extinción ha crecido enormemente, hasta un 90%: una tendencia sin duda preocupante. No es que continúe la extinción –siempre hubo– sino que su ritmo de crecimiento se ha acelerado y este aterrador incremento se debe al crecimiento de la población humana. La riqueza y la disponibilidad de dinero para comprar especies y plantas raras también han aumentado exponencialmente. El "crecimiento" económico tiene su reflejo en la destrucción de la naturaleza. Un triste reflejo. En mi artículo de 1996 "Nature Demised" [naturaleza muerta] abordé esta cuestión, pero es en estos últimos tres años cuando realmente me he dado cuenta de la enormidad del problema de la extinción.

Esto me lleva a hablar de los asteroides. La prensa los suele mencionar últimamente, acaso demasiado, según algunos. Se estaría asentando la idea de que si no somos los seres humanos los que acabaremos con la vida en la tierra se encargará de hacerlo algún asteroide. Es sólo una cuestión de tiempo: algunos cálculos aseguran que dentro de unos 5 millones de años la tierra tal y como es ahora habrá desaparecido. Probablemente los asteroides no esperen tanto. Pero ya estamos en condiciones de reducir los riesgos de impacto.

Los asteroides se pueden desviar o destruir, no con armas nucleares: se puede hacer, evitando que luego nos caiga una lluvia nuclear mortal. Las investigaciones en este terreno cuestan mucho menos que lo que se gasta en tecnología para destruir a las naciones. Si conviniéramos en considerar a los asteroides como los primeros enemigos de la humanidad –y lo son– quizá habría menos conflictos internacionales. En este terreno, la tercera cultura debería hacer acto de presencia.

Una de las fotografías más extraordinarias que he visto últimamente es la portada de un libro que celebra los 50 años de la firma Toyota. Una foto tomada en Japón. En la parte inferior se ve un edificio alargado ante un horizonte aparentemente vacío, despejado, y al fondo se ve una cordillera con el pico de una montaña nevada destacando sobre un cielo azul. Ese edificio es el centro de investigaciones de Toyota. No me cabe ninguna duda que antes de que construyeran ese edificio, ya habían decidido usar esa imagen con las montañas para promocionar a la empresa. Creo que construyeron el edificio ahí para poder hacer esa foto.

Esto plantea la cuestión de las fotos que se deciden antes de tomarlas. Como esta imagen de Theodor Wiesengrund Adorno ante las montañas suizas de la región de Engardine. No se trata de un pai-

saje cualquiera: es la zona en la que vivió Nietzsche a principios de la década de 1880 –el pueblo de Sils-María en el que Nietzsche escribió bastante, está ahí. Creo que esa foto se planificó con el propósito de dar a entender determinadas cosas. Se ve a Adorno ya maduro –murió relativamente joven– visitando el lugar de los años más creativos de Nietzsche. Adorno admiraba la obra de Nietzsche. Podría decirse que se presenta a sí mismo como Nietzsche, ocupando su lugar.

Pasemos al "playing the play" [jugar el juego], una expresión que suele usarse para señalar una experiencia ahora muy habitual. Otra maneras de decirlo pueden ser "pasarse" o "ante tu ojos", es decir, situaciones en las que las expresiones verbales o corporales de una persona resultan exageradas; situaciones en las que las modalidades "normales" de confundir o esconder –o, también, mostrar– se exageran. Como con los teléfonos móviles: estrategias de desvío para esconder, por ejemplo, el nombre de la persona que nos está llamando. Son miles las modalidades de este tipo que practicamos día a día, en cualquier parte del mundo. También vemos esto en algunos artistas; quizá Cindy Sherman sea el caso más conocido: con sus imágenes exageradas y distorsionadas que convierten la normalidad en algo bastante, bastante distinto.

El mundo de la moda vive del 'playing the play' y también la publicidad, claro, que los niños suelen ver en la televisión y, como sabemos, acaban imitando. También ellos están en ese juego: se adaptan a esta actividad un tanto peligrosa y negativa. Es una hiperextensión de una existencia ya de por sí escenificada, jugada. Es como decir "mira, sé que te estoy tomando el pelo, y sé que lo sabes"; es todo un "pasarse", un "demasiado". Creo que el meollo de esto es la sensación de culpa que tiene nuestra sociedad por sus incontrolables excesos y sus hartazgos. He visto que se venden máscaras con las caras de famosos. Este debería llevarnos a ser prudentes: si nos "pasamos en el juego" acabamos congelados, como amontonados, que es lo que está ocurriendo a los famosos.

Paso a mi último tema: la estética en la era del genoma. En los últimos años, se han producido muchos avances en este terreno. Se sacó la secuencia del genoma: tuvimos el primer animal clonado, el anuncio del primer ser humano clonado —aunque se quedó en eso, un anuncio. Hemos asistido a una incesante actividad en torno a estas cuestiones: por ejemplo, los debates sobre los alimentos genéticamente modificados. Creo que en el mundo del arte, y en general en todo el ámbito de la reflexión sobre la condición humana, se deberían tratar estas cuestiones del genoma y de la genética. En este sentido, planteo las siguientes sugerencias y conjeturas.

En la pintura no podemos prever las consecuencias. Cuando vamos a ver un museo con grandes obras, como hemos hecho centenares de veces, ahora podríamos preguntarnos: todo lo que vemos, esas representaciones de la naturaleza, ¿serían igual si la modificamos genéticamente? Con esta nueva pregunta, todo cambia: hemos perdido la "inocencia", palabra que pongo ente comillas para dar a entender que nuca hubo tal "inocencia". Gran parte de las cuestiones estéticas son conocidas. Las reflexiones éticas resultan ineludibles en cualquier debate sobre la bio-ingeniería, la ingeniería genética, la clonación o los alimentos genéticamente modificados. Las cuestiones éticas son centrales, y lo seguirán siendo. Creo que la esfera de la ética acabará, inevitablemente, entrando en la estética: la ética debería analizar el arte y sumarse al arte. Algunos artistas ya han empezado: Orlan es un buen ejemplo. Creo que Stelarc está pensado en coserse en su brazo una oreja humana que creció como implante sobre un ratón. Los artistas ya están usando modificaciones genéticas. Los debates sobre esta ciencia y sobre la tecnología deberían adentrarse en el ámbito del arte —de la teoría, de la historia del arte, de la estética. Es el próximo salto.

Las imágenes 2-3-4 son tres diapositivas de mi conferencia "Las vacas locas hablan" que di en 1996 cuando la enfermedad de las vacas locas estaba de plena actualidad. Hice hasta 50 imágenes sacadas de los periódicos: estas son las tres primeras. La primera llevaba la leyenda "Las vacas locas hablan"; la segunda, "Nos hablan" y la tercera, "Las matamos". Aprovecho para señalar que los planteamientos de Peter Singer, el precursor de la 'liberación animal', han influenciado mi trabajo.

La imagen 5 es una publicidad de la revista alemana *Der Spiegel*. En la página izquierda se lee "Soy un policía" y el texto explica lo que consigue hacer, cómo, con ayuda de ingenios electrónicos, logra detectar y corregir lo que ocurre. La página derecha reza "Soy una red de comunicación" y recuerda cómo puede controlar las cosas gracias a la comunicación. Todo esto tiene que ver las nuevas técnicas de vigilancia, siempre más avanzadas.

La tercera cultura 55

Las imágenes 6, 7 y 8 recogen mi trabajo de la época en que entendí que el arte es algo más que pintar y esculpir, que es lo que había hecho hasta entonces. Son del verano/otoño de 1959, cuando encontré esos desperdicios en las calles de Londres y los expuse en una pequeña galería del centro de la ciudad.

La 9, es una publicidad. Me interesa que haga ver que lo oxidado puede ser bello. Esta enorme estructura se expuso en Suiza: la metieron en el agua a propósito para oxidarla. Algo parecido a lo que planteé con una lámina muy fina de metal que con los años se iría oxidando y acabaría desintegrándose, en un proceso no exento de belleza.

En 1997, creo, hice algo parecido con una foto histórica, donde se ve a Hitler en uno de esos mítines con las Juventudes hitlerianas en Nuremberg. Puse esa foto entre dos láminas de metal, de modo que al final no se podía ver la foto. Tiene que ver con esa idea que sigo desarrollando de manipular las fotos, en cierto modo escondiéndolas, dificultando su visión.

Las imágenes 10 y 11 son anuncios publicitarios publicados en *The Listener* hace muchos años. El primero no da a entender en ningún momento que Esso pueda ser una empresa peligrosa y contaminante: todo es bonito y sereno. El segundo es parecido: no pasa nada, somos gente maja, hasta te ofrecemos una tarta. Hoy en día sería muy difícil que las grandes empresas publicaran anuncios de este tipo. Pero así eran los anuncios con los que se vendían cigarrillos, asbestos y toda una serie de productos perjudiciales: se vendían de esa manera tan tranquilizadora.

Para acabar, diré que mi trabajo también es una especie de acupuntura: puede aliviar el dolor, reparar el cuerpo herido. Sin duda, creo que es así y siempre he trabajado con esa idea, incluso, antes de dedicarme al arte e interesarme por la tecnología. Creo que la razón del arte es ayudar al mundo, cuidarlo y arreglarlo.

La pregunta es siempre "¿qué quiere decir?". De ahí que trabaje tanto con las revistas y los periódicos, viendo las imágenes y los textos: ¿qué significan?, ¿cómo se pueden usar o desaprovechar?, ¿qué esconden? Este seguimiento constante, diario, no me conduce a gran cosa, pero lo hago como una obligación. Leo los periódicos para nada: pero voy a los supermercados, y voy todos los días al supermercado; es lo más parecido a una religión.

Modernidad líquida, complejidad y turbulencia

Antony Bryant

Quisiera aprovechar esta ocasión para situar algunas de las ideas de Zygmunt Bauman en el contexto más amplio de su obra y desarrollar algunas de las mismas. La idea de modernidad líquida definida por Bauman sugiere que la modernidad ya no se fija objetivos, no establece metas y confiere la cualidad de lo permanente sólo al estado de transitoriedad. El tiempo fluye, pero no se encamina hacia ningún destino. Estas imágenes de fluidez, sin duda, recuerdan al Manifiesto comunista, a esas famosas palabras:

> Todo lo sólido se desvanece en el aire, todo lo sagrado es profanado, y al final, el hombre se ve compelido a contemplar con mirada fría su vida y sus relaciones con los demás.
> La necesidad de encontrar permanentemente nuevos mercados, espolea a la burguesía de una punta o la otra del planeta. En todas partes se instala, construye, teje relaciones.

Pero, en verdad, son las palabras que preceden a estas las que mejor reflejan el trabajo más reciente de Bauman: "Todas las relaciones establecidas, congeladas, con su séquito de antiguos y venerables prejuicios y opiniones, son barridas y las nuevas envejecen ya antes de echar raíces". Bauman pretende señalar cómo la actual fase de la modernidad se caracteriza no ya por eliminar las cosas, sino por hacerlo continua y obsesivamente: el cambio es constante y reiterativo. La palabra "líquido" sugiere la idea de fluidez, de movimiento constante, de cambio. Lo cual plantea la pregunta: fluir ¿hacia dónde? Para Bauman se trata de una pregunta sin respuesta y que ni siquiera habría que hacer. El mismo movimiento es el propósito, nada más. La cuestión es seguir moviéndose. Bauman suele recordar ese dicho de Ralph Waldo Emerson: cuando se patina sobre hielo quebradizo, la salvación está en la velocidad. Por tanto debemos seguir moviéndonos y cada vez más deprisa, sin preguntarnos nunca a donde vamos. Pero aunque así nos lo impongan, las peguntas persisten: ¿hacia donde nos estamos encaminando?, ¿Cómo podemos controlar nuestra velocidad o nuestro destino?

Desarrollando la imagen de fluidez acabamos topándonos con la turbulencia. Como nos enseñan los físicos, a medida que aumenta la velocidad del fluido los modelos clásicos de la dinámica de los líquidos dejan de funcionar y se pasa a un estado llamado turbulencia. La turbulencia es un gran enigma, incluso para los científicos. Es algo desconocido, impredecible, incontrolable. Los últimos libros de Bauman pueden interpretarse como un aviso en este sentido: un aviso de turbulencias sociales y políticas. Y aunque rehuye proponer alguna solución o plan de acción ante el marasmo, sin duda aporta motivos a favor del desmantelamiento de las formas tradicionales y asentadas de intervención y acción. De ahí el reto que nos plantea Bauman: ¿cómo empezar a comprender la modernidad líquida y, por tanto, empezar a sopesar y proponer opciones y modalidades para la acción? Quizá, esta idea de turbulencia nos pueda ayudar.

Robert Rosner, un profesor de física y de astronomía, define la turbulencia como "un problema exhaustivo de la vida real". Confunde a los investigadores: está más allá de su capacidad de predicción. No sólo no consiguen comprender –esto es, hacer modelos, predecir, controlar– muchos de los detalles que se dan en las explosiones de las estrellas de neutrones o lo que ocurre en los reactores nucleares, sino que tampoco logran comprender qué ocurre cuando se remueve la leche en una taza de café. Aplicada a lo social, ¿será la idea de turbulencia igual de incomprensible?

Hasta cierto punto, estas cuestiones ya se plantearon en un artículo ya clásico de la teoría sistémica de los años sesenta. Ahí, Emery y Trist, distinguían cuatro tipos de "texturas causales" que iban desde la placidez a la turbulencia. Cada textura o entorno de causalidad tenía un reparto distinto de lo que llamaban "metas y noxiants", de cosas buenas y cosas malas, por decirlo de otro modo.

En la aleatoriedad plácida, lo bueno y lo malo "cambian poco y están distribuidos aleatoriamente": tiene entonces poco sentido diferenciar entre táctica y estrategia, y la táctica se descubre con experimentos de prueba/error y luego se generaliza a todo el entorno.

Existe otro entorno de placidez pero no completamente aleatorio ya que las "metas y noxiants no están aleatoriamente distribuidos sino que están vinculados entre sí de algún modo". En este caso sí conviene diferenciar la estrategia de la táctica, ya que conviene conocer el entorno no-uniforme y comprender qué áreas han de evitarse y cuales pueden ser abordadas. Desde el punto de vista de la lógica de las organizaciones –que es el punto de vista de Emery y Trist– se impone ante este tipo de contextos causales desarrollar proyectos a largo plazo con sus correspondientes estrategias de gestión de recursos. Estos contextos también aconsejan desplegar divisiones del trabajo tanto horizontales como verticales –lo que denominan "competencias específicas"-, junto con una centralización y jerarquización que permitan optimizar la coordinación y el control.

El tercer tipo de "textura causal" la denominan "alterada-reactiva". Aquí no ya sólo hay que tener en cuenta los aspectos del entorno, como en el segundo tipo, sino que también conviene tener presentes a los competidores. Las estrategias exigen aquí anticipar las acciones de los otros y anticipar sus anticipaciones. No ya sólo hay tácticas y estrategias, diferenciadas, sino que también hay 'operaciones', es decir, "un conjunto planificado de iniciativas propias, de anticipación de las reacciones de los otros y de acciones de respuesta". Un aspecto relevante en este tercer contexto es la conveniencia de disponer de algún grado de descentralización, ya que "se saca ventaja de las decisiones que con oportunidad y rapidez se adopten en los puntos periféricos". En este tercer tipo de contexto causal, las organizaciones, siempre según Emery y Trist, pueden optar entre estrategias dentro de una gama que abarca desde lo ferozmente competitivo hasta lo abiertamente cooperativo. Pero sea cual sea la estrategia escogida, conviene mantener suficiente flexibilidad para poder cambiar de estrategia: "hay que saber cuando no hay que luchar hasta la muerte".

El cuarto tipo de "textura causal" lo denominan "campo turbulento". Aquí los procesos dinámicos desencadenan, por sí mismos, otros procesos dinámicos, y no ya sólo entre los elementos y los actores sino en el mismo campo de turbulencia: "el suelo se mueve", por así decir. Aquí, lo único constante es el cambio.

> Estas tendencias suponen un aumento notable de [...] incertidumbre. Las consecuencias que se siguen de las acciones pueden ser cada vez más impredecibles y pueden no agotarse con el transcurso del tiempo: en cualquier momento pueden amplificarse más allá de lo previsible. Asimismo, acciones perseguidas con convicción pueden verse atenuadas por la emergencia de nuevas fuerzas. (1965)

Es decir, grandes cambios pueden tener efectos irrelevantes y pequeños cambios pueden traer grandes consecuencias.

Ya habrán notado que el artículo de Emery y Trist se adelanta en el tiempo −y no poco− a conceptos como el de "fabricación de la incertidumbre" (Giddens), "sociedad del riesgo" (Beck) o "modernidad líquida" (Bauman). Si desarrollamos la noción de turbulencia en el ámbito más genérico de lo social podremos caracterizar mejor la modernidad líquida y las nociones que la acompañan.

En el campo de turbulencia las consecuencias que fluyen de una acción son impredecibles: y esto ya no es una cuestión meramente organizativa, como lo entendieron Emery y Trist, sino un problema social de carácter endémico. Los tres primeros tipos de "texturas causales" ya no encuentran reflejo en nuestras sociedades: estamos totalmente inmersos en la turbulencia. La modernidad líquida de Bauman no es sólo fluidez es turbulencia, una turbulencia que todo lo condiciona. Acaso esto pueda resultar alarmante, pero también es cierto que existen personas que celebran y justifican este estado de cosas. Estas personas suelen hacer referencia a las ventajas de un presente de movimiento acelerado, de cambio constante frente a un pasado estable, controlado, anodino. Y abogan por repartir todo el poder que pueda estar demasiado concentrado o fomentar la innovación frente a la stasis y la pesadez. Hay que superar el viejo y plácido orden. Pero tanto el *Manifiesto comunista* como Bauman advierten que, una vez desencadenas esas fuerzas, ya no se pueden controlar o acotar: ese "ir superando" podría ser infinito.

La turbulencia es impredecible, y difícilmente se consigue matematizar con un mínimo de fiabilidad. De modo que, siguiendo con la metáfora de la fluidez, cualquier intento de ir contracorriente está condenado al fracaso. Esas revistas de papel cuché de las que hablaba Bauman animan a sus lectores a que sigan la corriente, aunque nadie sepa a donde conduce: y tampoco conviene relajarse en un determinado fluir porque en cualquier momento podría cambiar de dirección.

Gracias al desarrollo de la informática se está empezando ahora a intentar analizar la turbulencia y su imprevisibilidad. Las llamadas teorías del caos o de la complejidad son los primeros resultados de esto; unas investigaciones que quizá nos ayuden a comprender mejor la modernidad líquida. Claro que al trasladar modelos matemáticos y físicos al ámbito de lo social deberemos evitar caer en discursos funcionalistas como los de Parsons: algo que Bauman ya criticó en sus primeros libros (especialmente, Bauman, 1976) y que, es de suponer, la sociología más reciente ya ha superado.

Para muchos científicos, como para muchas otras personas, las ideas de la teoría de la complejidad resultan inquietantes. La ciencia, en cuanto proyecto, sigue estando para la mayoría de nosotros claramente enraizada en la modernidad sólida. Muchos científicos dedican su tiempo a buscar modelos causales lineales, algoritmos de predicción simples o no tan simples y cosas por el estilo. Muchos de mis colegas informáticos sueñan con una tecnología que resolvería todos los problemas, técnicos, sociales o políticos. No en vano, la informática se basa en eso que se llamaba "la física de los estados sólidos".

Aún no sabemos la incidencia que acabará teniendo las teorías del caos y de la complejidad, pero ya podemos decir que lo que aparentemente no tiene ninguna pauta, regularidad, red o estructura –lo que solemos llamar *caos*– en realidad está mucho más ordenado y resulta más predecible de lo que creemos. Es más, los sistemas caóticos se pueden considerar también "teoréticamente determinados", es decir, que se podría predecir el futuro desde el conocimiento disponible en el presente. Esto requiere, sin embargo, unos cálculos que los ordenadores actuales no pueden hacer; aún no pueden hacer.

'Complejidad' y 'modernidad líquida' tiene ambas que ver con lo que se llama 'contextos dependientes de sus condiciones iniciales'. Un ejemplo clásico es el que expuso Edward Lorenz y que se conoce como "efecto mariposa". El corolario del efecto mariposa es que, a veces, grandes cambios apenas generan resultados o no generan ninguno. Uno de los principios básicos de la teoría de la complejidad es que los sistemas complejos son impredecibles.

James Gleick, un conocido divulgador de las ideas de caos y complejidad entre el gran público, sostiene que el concepto de complejidad supone una revolución no tanto en las tecnologías como en las ideas. Una revolución que nace del intento de comprender el desorden –o el desorden aparente– en la naturaleza. ya sea la turbulencia de los líquidos, la errática difusión de las epidemias, las arritmias del corazón en los instantes previos a la muerte, etc. Este enfoque se ha desplazado ahora hacia el estudio de lo social: de modo que sociólogos, economistas, asistentes sociales, etc., también recurren ahora a las teorías del caos y la complejidad. Por ejemplo: una investigación reciente investigación concluía que el NHS, el sistema nacional de salud del Reino Unido, se puede teorizar y comprender como un sistema turbulento que genera caos (Pratt et al, 1998).

Existen al menos dos motivos para usar esas ideas en el ámbito social, en la modernidad líquida. El primero es que lo que parece ser caótico y arbitrario quizá se pueda explicar –aunque no se pueda predecir y controlar plenamente, se puede explicar gracias a una serie de pautas y normas sencillas. Por ejemplo, los teóricos del caos y los teóricos de la complejidad han conseguido elaborar modelos explicativos del comportamiento de las bandadas de pájaros, de los insectos e, incluso, algunos fenómenos económicos.

Segundo: aunque no todos los teóricos de la complejidad estén de acuerdo, algunos sostienen que lo que percibimos como desorden evidente y arbitrariedad absoluta quizá no lo sea. Stuart Kauffman es quizá el defensor más conocido de esta idea: de hecho, cuando explica lo que denomina "sistemas adaptativos complejos" habla de "orden libre". Según Kauffman, por ejemplo, el número de posibles combinaciones genéticas es muy alto: tanto como 10^{30000}. Un número sin duda muy grande, pero las combinaciones que de hecho se dan –en todos los organismos de la tierra– es menor, bastante menor, de no pocos órdenes de magnitud. Y esto se debe al principio de "orden libre" o auto-organización o, también, lo que denomina "sistemas convergentes". Dicho con otras palabras, aunque exista la posibilidad de que se produzcan una infinidad de resultados distintos no necesariamente se producirán: las cosas pueden de hecho acabar convergiendo en uno mismo resultado desde distintos puntos de partida. Algunas de las investigaciones de Kauffman y sus colegas en el Instituto de Santa Fe lo demuestran: han investigado las colonias de insectos, el desarrollo de las bacterias, los vaivenes de público en los locales nocturnos o el comportamiento de la bolsa y del sistema económico.

También se está dando un fenómeno de este tipo en el mundo de los programas informáticos. Los que buscan alternativas a los productos de Microsoft están desarrollando el llamado "software de código abierto": alguien crea un software y lo pone en la red, en Internet, para que quienquiera lo actualice y mejore. Esto, que podría ser un proceso generador de caos y desorden, de hecho, acaba produciendo programas informáticos que funcionan y que son además manejables: es un ejemplo de sistema convergente. La famosa Wikipedia es otro caso. La página web de Wikipedia define "Wiki" como "un sitio web colaborativo que puede ser editado por varios usuarios. Los usuarios de una wiki pueden así crear, modificar, borrar el contenido de una página web, de forma interactiva, fácil y rápida".

Poco importa la idea o a quien se lo ocurrió, lo más probable es que los expertos en administración de empresas pronto la convertirán en un palabro de moda con el que harán dinero. Ya sabemos que el lenguaje que se viene usando últimamente en el ámbito de las empresas rebosa palabras que evocan la liquidez, la fluidez, la flexibilidad. El trabajo de John Kotter y sus colegas de la Harvard Business School es un ejemplo conocido de este vocabulario del "New Management". Otros están promoviendo el llamado "modelo Hollywood" de organización, en el que –como cuando se hace una película– se reúne a las personas para realizar un proyecto y luego se vuelven a dispersar. Hay ya mucho escrito sobre las "organizaciones virtuales", los "equipos virtuales" y no creo que tarde mucho en aparecer algún experto ofreciendo Asesoramiento Líquido, una suerte de BauManagement.

No cabe duda que los discursos que hablan de estructuras y jerarquías, de logros y objetivos, están pasados de moda, ya no se usan ni en el ámbito empresarial ni en el político: sólo las instituciones anticuadas, sólidas y estólidas se atreven a seguir haciéndolos. Pero a menudo el vocabulario nuevo no es más que el resultado de una nueva realidad: un barniz aplicado sobre viejas formas de explotación. En los años 90, el "re-engeering", el "downsizing", el "empowerment" eran eufemismos para referirse a despidos, empeoramiento de las condiciones de trabajo, mayor carga de responsabilidad sobre los empleados. Las turbulencias suelen dejar un reguero de destrozos y desechos tras su paso: también la modernidad líquida. Bauman mencionó el consejo de Kotter: no conviene estancarse en la idea de una única carrera profesional; pero este consejo tiene un doble filo y resulta aterrador si recordamos a los siempre más ingentes empleados con contrato a tiempo definido o con trabajos a tiempo parcial. Esta gente, de tener tiempo y recursos, e interés, en leer la *Harvard Business Review*, seguramente no aprenderán nada que sus penosas experiencias no les hayan enseñado ya. A menudo su única "libertad" consiste en volver a su antiguo puesto de trabajo pero con nuevas, y normalmente peores, condiciones.

El concepto de modernidad líquida de Bauman siempre tiene presente esta dualidad de nuestra contemporaneidad, a diferencia de la retórica triunfante de los políticos y de las escuelas de negocios. Bauman recuerda que la flexibilidad produce turistas, sí, pero también vagabundos. La fluidez de los equipos directivos de las empresas no debe hacernos olvidar que muchos empleados de esas mismas empresas no tienen ninguna seguridad en sus puestos de trabajo –y cada vez seremos más los precarios. El modelo Hollywood puede parecer atractivo, hasta que caemos en la cuenta que la mayoría de los actores dedican casi toda su vida a descansar –a malvivir con trabajillos mal remunerados. Circula por ahí ese mito urbano que dice que el 50% de los adultos del mundo nunca ha usado el teléfono –quizá no sea cierto, pero poco importa si nos ayuda a recordar que no todo consiste en estar a la última en Internet y teléfonos móviles. Richard Sennett plantea en uno de sus últimos libros que aunque la gente en los años 60 y 70 se quejaba de las condiciones de trabajo, de la rutina de entonces, esas condiciones proporcionaban mucha más serenidad que la actual incertidumbre y ansiedad profesionales. Recordando dos libros de Sennett podemos decir que estamos atrapados entre *las heridas invisibles de la clase* de la modernidad sólida y la *corrosión del carácter* de la modernidad líquida.

Bauman describe las condiciones de vida en tiempos de modernidad líquida, pero no propone ninguna solución, ningún paliativo. En *Society under Siege* (2002), incluso descarta esa posibilidad aduciendo que ya no se puede volver atrás, a un mundo confiado en el que los problemas privados puedan acomodarse con algún sentido. Recurre a una cita de Hannah Arendt para decir: "no estoy obligado a resolver las dificultades que yo mismo genere". En realidad la cita que reproduce es más larga:

> Incluso en los tiempos más oscuros tenemos el derecho de esperar cierta iluminación, esta iluminación puede llegarnos menos de teorías y conceptos que de la luz incierta, titilante y a menudo débil que irradian algunos hombres y mujeres en sus vidas y sus obras, bajo casi todas las circunstancias.

Aunque diga lo contrario, Bauman no parece dar mucho pie al optimismo. A diferencia de su compatriota, Leszek Kolakowski: en los años 80 alguien le dijo a que el proyecto de Solidaridad "no era nada realista", Kolakowski respondió diciendo que se dan situaciones "en las que nada es posible salvo que creas que todo es posible". Complejidad, caos o turbulencia van ligados a una crisis del modelo programado, de la predicción, del control. Y la idea de fluidez de Bauman es que nada acaba solidificándose: sostiene que conceptos tradicionales como pauta, estructura o red, familia, clase, vecindario, comunidad son ahora conceptos-zombi: ni están vivos ni están muertos. Y para Bauman la cuestión no es si algunos de estos conceptos pueden renacer, sino en qué medida hemos de darles un funeral digno y definitivo. Pero, entonces, ¿cuáles vendrían a ser los nuevos conceptos? ¿Hemos de responder cada uno de nosotros a esta pregunta?

Volviendo, para terminar, a la metáfora de Marx y Engels sobre la fluidez y la conocida frase "todo lo sólido se desvanece en el aire". En inglés se ha traducido el original en alemán de esta frase como "melts" (fundirse) cuando habría sido más correcto usar la palabra "evaporar". Cualquier físico señalará de inmediato que los sólidos no se "funden" en el aire, sino en lo líquido; y es lo líquido lo que a su vez se evapora como gas. Curiosamente, la palabra "gas" también surgió de un error de traducción. El químico holandés van Helmot uso la palabra griega *chaos* para referirse a las sustancias que se comportaban como el vapor. Los científicos ingleses oyeron mal lo que dijo y pensaron que no estaba diciendo "chaos" sino "gas". Modernidad gaseosa no suena tan bien como modernidad líquida, es cierto. Aunque también es cierto que en sus textos más recientes Bauman habla de fluidez más que de liquidez: tanto los gases como los líquidos son fluidos. Esto me sugiere una imagen de la modernidad líquida, una imagen de encuentros imposibles. Es la llamada botella Klein [en la página siguiente]: un objeto tridimensional totalmente imposible, no puede existir. No se distingue la parte interna de la externa y tratándose de una botella tendría que poder contener líquido o gas, pero es imposible que los contenga. Bauman nos habla de artes líquidas, Metzger de arte auto-destructiva. Esa botella es claramente "líquida" sólo que es una botella que nunca podrá existir: algo que por tanto no se puede ni desechar ni destruir.

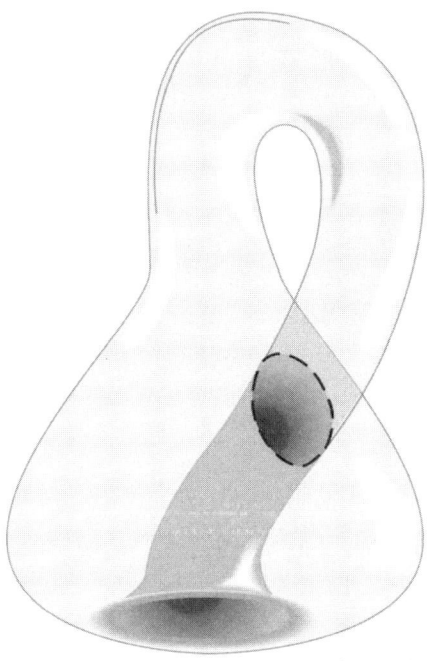

Academy Artworks

Bibliografía

- Arthur, W. Brian (1999), "Complexity and the Economy", *Science* 284, 107-9.
- Bauman, Z. (1976), *Towards a Critical Sociology*, Londres, Routledge.
- Bauman, Z. (2002), *Society Under Siege*, Cambridge, Polity.
- Ehrenreich, B. (2001), *Nickel and Dimed*, Nueva York, Holt.
- Emery, F.E. y E.L. Trist (1965) "The Casual Texture of Organizational Environments", *Human Relations* 18, 21-32.
- Kotter, J. (1995), *The New Rules*, Nueva York, Dutton.
- Pratt J. et al. (1998). "The NHS - Order for Free?", *Proceedings from 'Organization as Complex Systems' Conference*, Warwick University.
- Sennett, R. (2000), *The Corrosion of Character*, Nueva York, Knopf.
- Sennett, R. y J. Cobb (1972), *The Hidden Injuries of Class*, Nueva York, Knopf.
- Stewart, S. (2002), "The Complexity Complex", *University of Chicago Magazine* 95(2)

Tiempos líquidos: arte líquido

Maaretta Jaukkuri: En la conferencia que usted pronunció en el seminario "Stopping the Process" (parar el proceso) que celebramos varios directores de museos y comisarios de exposición en las Islas Lofoten en el año 1997, usted analizó nuestra función desde la siguiente premisa: "Gracias a Dios, no soy un comisario" [....] El comisario es "un chivo expiatorio... se encuentra en la primera línea de fuego de los significados, en una lucha llena de incertidumbre". Compartimos su análisis y, de hecho, esta expresión la venimos repitiendo los comisarios desde entonces. Además, diez años después, la lucha por los significados es ahora aún más intensa. Otro fenómeno de esta última década es el creciente protagonismo de los coleccionistas –de los que tienen dinero– frente a los artistas y los comisarios; las últimas ferias y bienales se están convirtiendo en algo parecido a una fiesta ambulante. No quisiera, sin embargo, que nos centráramos en estas ferias, ya que siguen su propia lógica: una lógica, a mi entender, marginal, no obstante la atención que reciben desde los medios de comunicación, y a pesar de que puedan ser ocasiones para ver arte de primera calidad. En lo que sí me gustaría centrar nuestra atención aquí es los cabos morales, éticos y políticos que atan al arte hoy en día.

Hay como una creciente propensión por parte de los políticos a influir sobre las políticas culturales y artísticas, especialmente en el sentido de exigir que se organicen actividades que atraigan al mayor número de personas y que puedan generar ingresos. Una actitud que se suele justificar aduciendo que el arte no debería ser "elitista", que debería dirigirse a todos. Hay aquí una doble cuestión. Por un lado, sin duda, podemos desear que el arte resulte accesible a todos pero también es cierto que lo novedoso y la crítica en el arte se antojan inicialmente arduos para el público general ya que no suelen encajar con sus ideas respecto a cómo debería ser el arte y a qué debería parecerse. Pero quizá lo más grave sea que los políticos están intentando controlar todos los espacios públicos que puedan surgir como lugares para el debate político, donde ahondar en la democracia. ¿Se da una situación parecida en otros ámbitos? Esta retórica populista, ¿es una característica de la política actual? Se trata, en definitiva, del conflicto entre la gestión política (en cuanto representación de una pluralidad) y el arte (como expresión individual).

Zygmunt Bauman: Fue usted quien, en la reunión de Lofoten, sugirió que "el significado del arte está *entre* el artista y el observador". ¡Cuánta razón tenía! Esto sitúa al comisario en un lugar peligroso: entre el martillo y el yunque.... El comisario sería un intérprete profesional, un definidor de significados que se pasa la vida en medio de un encendido campo de batalla en el que distintas interpretaciones, que serán tanto más belicosas cuanto más dubitativas, se topan, se enfrentan y luchan en una inagotable guerra de desgaste... Pero su pregunta nos lleva a otro escenario bélico, no menos ruidoso: ahí donde los creadores culturales y sus plenipotenciarios, los comisarios, se enzarzan en una lucha sin cuartel por la definición de la sustancia del arte y por el modo en que éste está-en-el-mundo teniendo como adversarios en este caso a los políticos y a los empresarios, es decir, resumiendo, a los managers, los "gestores". Las artes son los unidades de choque de la cultura: son las avanzadillas que escrutan el terreno, que luchan por explorar, desbrozar y fijar los caminos por los que la cultura podrá (o no) proceder. ("El arte no es una vida mejor, sino un tipo alternativo de vida" dijo Joseph Brodsky. "No es una huida de la realidad sino lo contrario: el deseo de animarla".) De ahí que los artistas sean adversarios o competidores en esa tarea que los gestores desean monopolizar. Cuanto más se alejan las artes de las realidades del momento, mejor podrán evitar quedar atrapadas por el *status quo* y, entonces, el administrador podrá considerarlas inútiles o, también, dañinas.

Los administradores y los artistas tienen propósitos opuestos: si los primeros luchan contra lo contingente, los segundos encuentran en lo contingente su hábitat natural. Las artes diseñan alternativas al *status quo* y por ello compiten, quieran o no, con los administradores cuyo deseo de controlar los comportamientos humanos y las probabilidades es, en definitiva, un esfuerzo por controlar el futuro. Son pues varias las razones para que no sobre amor entre gestores y artistas...

Adorno, al referirse a la cultura en general, pero tendiendo especialmente en mente las artes, consideraba inevitable el conflicto entre cultura y gestión/administración. Pero también señaló que los antagonistas se necesitan mutuamente; más aún, que las artes necesitan de la administración ya que, sin ella, su misión no podría realizarse... Por molesta y penosa que resulte la enemistad, abierta o implícita, la mayor de las desgracias que le puede sobrevenir a la cultura (y más precisamente, a las artes) sería la victoria absoluta y definitiva sobre su antagonista: "la cultura queda herida cuando es planificada y administrada; pero si impera sola, todo lo cultural puede acabar perdiendo no ya sólo la posibilidad de surtir efecto sino su propia existencia".

Con estas palabras, Adorno retoma la triste conclusión a la que llegó (con Max Horkheimer) en la *Dialéctica de la Ilustración*: "la historia de las antiguas religiones y escuelas de pensamiento, al igual que la historia de los partidos y las revoluciones de la modernidad" enseña que el precio de la supervivencia es "la transformación de las ideas en dominación". Esta enseñanza de la historia deberían estudiarla con atención, asimilarla y practicarla los artistas, los profesionales de la "creación cultural" que llevan sobre sus espaldas la propensión trasgresora de la cultura, propensión que convierten en vocación consciente haciendo de la crítica y de la trasgresión su forma de vida.

La tentación de los creadores de cultura de retirarse y mantenerse alejados del proceso de la administración generaría, de realizarse, un vacío. Perderían no solo la posibilidad de ganarse la vida sino todo contacto entre la obra de arte y la sociedad, la posibilidad de incidir sobre ésta: algo que incluso la obra más íntegra no puede permitirse si no quiere perecer. Se trata de una contradicción, sin duda... o de un círculo vicioso... la cultura no puede convivir pacíficamente con la administración, especialmente aquella intrusiva e insidiosa y menos aún con la que pretenda forzar el afán experimentador de la cultura para encajarlo en el marco de racionalidad establecido por los propios administradores —esa racionalidad que la exploración artística de lo "por venir", de "lo probable", necesariamente transgrede. Al tener que defender, por obligación profesional y con uñas y dientes, la causa de esa racionalidad, los administradores acaban viendo en el arte a un enemigo potencial —tanto más cuanto mejor cumpla el artista su tarea. La conspiración de los gestores contra la endémica libertad de las artes supone para el artista un *casus belli* permanente. Pero los creadores necesitan a los gestores: si es que quieren ser vistos, oídos, escuchados y poder así culminar su misión (y la mayoría de los que quieren "mejorar el mundo", quieren). De lo contrario, se enfrentan a la marginación, la impotencia, el olvido.

Los creadores no tienen más opción que vivir con esta paradoja. Por mucho que rechacen las pretensiones e interferencias de los gestores, la alternativa es un *modus co-vivendi* que los condena a la irrelevancia. Pueden escoger entre distintas gestiones, que persigan objetivos distintos y condicionen la libertad de la creación cultural con distintas estrategias y recursos. Pero no pueden escoger entre aceptar y rechazar esa dirección, no sería realista en ningún caso.

MJ: El interés por los valores eternos del arte –"el largo romance de la humanidad con lo supra-humano, lo extra-temporal, lo inmortal"– parece estar cambiando dramáticamente. Usted señala que, hoy en día, ya no se trata tanto de *obras de arte* como de *arte como acontecimiento*. Sin duda el arte actual está muy ligado al tiempo, a la temporalidad: instalaciones, exposiciones, bienales y, ahora también, ferias de arte. Los medios de comunicación se fijan en estos acontecimientos puntuales. La temporalidad también está presente en los proyectos que invitan al público a involucrarse, ya sea políticamente o creando situaciones de bienestar.

El tiempo/la temporalidad, por otro lado, está cada vez más presente en el llamado *arte público*: las manifestaciones callejeras, los carnavales, los espectáculos y otras intervenciones en espacios abiertos. Estos eventos parecen servir para canalizar intereses y pasiones políticos; la calle sería, en este sentido, un espacio público que aún funciona. Yo creo que este fenómeno está relacionado con el creciente influjo de la física cuántica en todos los ámbitos de la vida. También tiene que ver con la moral y la ética: debemos constantemente tomar decisiones morales y los criterios con los que decidimos suelen ser cualidades abstractas antes que pautas claras y conocidas aplicables a cada supuesto. Estaríamos en una época caracterizada por la presencia de un marco moral antes que por la presencia de normas. Las elecciones morales dependerían ahora del proyecto de vida de cada uno de nosotros y no ya de las situaciones puntuales que todos afrontamos, debido quizá a que vivimos en un tiempo que cambia con tal velocidad que no parece que haya pautas generales con las que orientarse en esta nueva realidad. Percibe usted esa influencia de la física cuántica. ¿Cómo se puede, en este contexto mental, definir valores eternos?

ZB. Si sólo se tratara de un problema de física cuántica (¿cuántas personas leen libros de física cuántica, y cuántos, de haberlos leído, los entienden?)... tampoco es tan sólo una cuestión de "contexto mental". Nuestras vidas son más complicadas: se trata de la experiencia diaria en un mundo líquido-moderno... un mundo al que le interesa poco la inmortalidad, que no tiene tiempo ni lugar para los valores eternos, que va tropezando entre un episodio (rápidamente olvidado) y otro (aún por ocurrir)...

Hannah Arendt percibió claramente y explicó el meollo del conflicto: un objeto es cultural si dura, su aspecto temporal, su permanencia, se opone a lo funcional; lo funcional lo haría desaparecer del mundo fenoménico por el uso, por desgaste...

La cultura se ve amenazada cuando todos los objetos del mundo, los que se producen hoy o los del pasado, se consideran únicamente desde el punto de vista de su utilidad para el proceso social de supervivencia −como si solo sirvieran para satisfacer alguna necesidad− y poco importa si se trata de necesidades elevadas o bajas.

La cultura apunta más allá y por encima de las realidades del día a día. No le interesa el tema del día, la urgencia del momento. Pretende, cuando menos, apuntar más allá del carácter limitador de la actualidad, sea la que sea y la defina quien la defina, y se esfuerza por liberarse de sus presiones.

Ser consumido en el acto, quedar disuelto en el proceso del consumo instantáneo, no es el destino de los objetos culturales ni el criterio con el que se les juzga. Como diría Arendt: la cultura busca la belleza −y supongo que optó por esa palabra porque la belleza es el epítome del objetivo escurridizo. Un objetivo que insistente y resueltamente desafía la explicación racional/causal, que no tiene un propósito ni un uso evidente, que no sirve para nada ni a nadie, ni puede legitimarse aduciendo una necesidad previamente sentida, definida y dispuesta a ser satisfecha. Sea cual sea la necesidad que pueda acabar satisfaciendo, ésta será inducida por el acto mismo de la creación artística. Un objeto es "cultural" en la medida en que sobrevive a cualquier uso que se le pudo asignar cuando fue creado.

Esta imagen de la cultura difiere radicalmente de la idea extendida, incluso hasta hace poco, en la literatura académica, una opinión que, por el contrario, solía incluir a la cultura entre los recursos homeostáticos que servían para reproducir monótonamente la realidad social, la *mêmeté*, que aseguraban la continuidad de la repetición a través del tiempo.

La imagen de la cultura en los escritos que solemos denominar 'de ciencias sociales' ha sido de estabilización: un mecanismo de rutina-y-repetición, un instrumento de la inercia y, en absoluto, un fermento que impide que la realidad social se quede fija obligándola a estar en un perpetuo auto-trascenderse, como Arendt o Adorno sostienen debería, se quiera o no, ser.

La idea clásica de cultura, la que imperó coincidiendo con la fase sólida de la modernidad, la fase dirigida por la racionalidad del gestor, tenía a la cultura como un elemento de reproducción del orden antes que de constante ruptura y crítica. En la tradición ortodoxa de la antropología (un sociedad= una cultura), la cultura es una herramienta eficiente de 'pattern maintenance', de reproducción de pautas, una servidora de la 'estructura social', una distribución estable de probabilidades de comportamiento que se mantiene en el tiempo y se sobrepone a toda ruptura ocasional de las normas, a toda desbarajuste y desviación que amenace con "desequilibrar el sistema".

Esta idea de cultura era, sin lugar a dudas, tanto una extrapolación como un horizonte utópico de una totalidad social convenientemente administrada (o, recordando aquella expresión de Talcott Parsons, tan usada en tiempos, "centralmente coordinada"), una totalidad social caracterizada por una distribución estable de probabilidades y estrechamente controlada mediante varios ingenios homeostáticos, entre los cuales la 'cultura' ocupaba el lugar más destacado. Una totalidad en la que los usos incorrectos o las acciones desviadas de los individuos eran inmediatamente detectados, aislados y rápidamente desactivados o eliminados. En esa visión de la sociedad como un sistema auto-equilibrado (es decir, que se mantiene obstinadamente igual no obstante todas las presiones de las fuerzas disruptivas) la 'cultura' era el sueño de los managers hecho realidad: una eficaz resistencia contra el cambio –más aún, incluso, una eliminación del cambio no planificado, no proyectado, una barrera contra el cambio azaroso, contra el cambio no causado por el manager según su propia definición de lo útil, oportuno y adecuado.

El sueño del gestor, de cumplirse, desembocaría en el mundo que Joseph Brodsky describió como "tiranía": una ordenación de la convivencia humana que "estructura tu mundo. Y lo hace con toda la meticulosidad posible y mucho mejor que lo pueda hacer la democracia… el sueño de que cada ser humano sea su propio burócrata".

Para Milan Kundera, esa tiranía, que él llama "totalitarismo", sería un "mundo de repeticiones" que "excluye la relatividad, la duda y las preguntas" y donde el arte no tendría cabida. "La historia de la novela –de la pintura, de la música, podemos añadir– nació de la libertad humana, de la elección, de los logros del ser humano" y se desarrolló improvisando, dictando sus propias normas sobre la marcha. Hasta hace dos o tres décadas, la función de la cultura se solía concebir desde ese espíritu del gestor: eran unos tiempos cuando la cultura estaba asociada (o así se pretendía) al proyecto de controlar (o intentarlo) la percepción del mundo.

Muchas cosas han cambiado desde entonces. Primero, la llamada "segunda revolución del management", desarrollada subrepticiamente bajo el nombre de neoliberalismo. Los gestores han pasado de la 'regulación normativa' a la 'seducción'; de la vigilancia y el mantenimiento cotidiano del orden a las relaciones públicas; del sólido y rutinario modelo panóptico que todo lo ve y todo lo regula a la dominación que se ejerce sumiendo a la gente en un estado de generalizada incertidumbre, de precariedad y de sistemática pero azarosa ruptura de las rutinas. Otro cambio ha sido el desmantelamiento del marco estatal en el que los individuos desarrollaban su vida política, y el desplazamiento de la vida política desde el Estado a los mercados de consumo. A estos cambios se suma otro más radical, un verdadero cambio de rumbo: a diferencia de la burocracia estatal, los mercados prosperan gracias a la fragilidad de las rutinas, a su rápida obsolescencia, tan rápida que no logran consolidarse como hábitos y normas.

En este nuevo contexto, ya no es necesario contener ni domesticar esa ansia de trasgresión y compulsiva experimentación llamado 'cultura' para encauzarla al servicio del equilibrio y la continuidad. Al menos, los gestores estatales que, en la época de los estados-nación, sentían esa necesidad, han perdido el interés. Y los nuevos guionistas y directores de la comedia cultural, que se han unido o han sustituido a los gestores, sólo esperan de los seres humanos –convertidos ahora en consumidores y nada más que en consumidores– una conducta que en absoluto sea domesticada, regular, rutinaria, inflexible.

Ahora que los personajes principales de la comedia de la modernidad sólida han abandonado el escenario o han sido degradados al papel casi mudo de figurantes y cuando sus sustitutos no consiguen, o no quieren, salir de los bastidores, nos encontramos en lo que Arendt siguiendo a Bertold Brecht llamó "tiempos oscuros". Así explica Arendt la naturaleza y los orígenes de esa oscuridad.

Si la función del ámbito público es arrojar luz sobre los asuntos de los hombres proporcionándoles así un espacio de apariencias en el que pueden mostrar de obra y de palabra, para bien o para mal, quiénes son y qué pueden hacer, entonces la oscuridad ha llegado cuando esa luz se ha extinguido víctima de una "pérdida de credibilidad" y de un "gobierno invisible", de un discurso que no revela lo que es sino que lo barre debajo de la alfombra, y de exhortaciones (morales o de otro tipo) que, bajo el pretexto de sostener viejas verdades, degradan toda verdad a una trivialidad sin sentido.

Y así describe Arendt las consecuencias.

El ámbito público ha perdido el poder de iluminación que formaba parte de su naturaleza original. En los países del mundo occidental, en el que, desde el declive del mundo antiguo, se ha considerado la de emanciparse de la política como una de las libertades básicas, un número cada vez mayor de personas hacen uso de esa libertad y se apartan del mundo y de sus obligaciones en él [...] Pero con cada uno de esos abandonos se le inflige al mundo una pérdida casi demostrable: lo que se pierde es el compromiso específico y, habitualmente irreemplazable que debería haberse formado entre el hombre y sus prójimos.

El distanciamiento de la política y de lo público se ha convertido, según Hannah Arendt, en la "actitud básica del individuo moderno, quien, alienado del mundo, sólo puede revelarse verdaderamente en privado y en la intimidad de los encuentros cara a cara".

Esta reconquistada/impuesta privacidad y la consiguiente 'intimidad de los encuentros cara a cara' son, al mismo tiempo, causa y efecto de los tiempos oscuros que los mercados de consumo alimentan −unos mercados que fomentan la universal contingencia de la vida del consumidor al mismo tiempo que capitalizan la fluidez de las posiciones sociales, la creciente fragilidad de los vínculos humanos y el discutido y constantemente negociado −y, por ello, inestable e impredecible− status del individuo, de sus derechos, obligaciones y compromisos la comprensión de sus moradores y el futuro obstinadamente incontrolable e incierto; unos mercados que capitalizan un presente que las personas no logran aprehender y un futuro siempre incontrolable e incierto.

Por obligación o impotencia, pero con escasa resistencia y a menudo con agrado, los gestores estatales renuncian a sus ambiciones reguladoras –esas ambiciones por las que en su día Adorno y otros, temiendo "una sociedad de masas completamente administrada", les criticaron. Esos gestores están ahora en el Estado-agente y ejercen una función de "honestos intermediarios" de las necesidades (demandas) del mercado. Dicho de otro modo: subsidiarizan, externalizan, subcontratan en las fuerzas del mercado los riesgos, los quehaceres y las responsabilidades de 'manejar el tinglado', renunciado a su otrora celosamente guardado derecho a marcar el guión y asumir los costes de producción. Ahora se encarga de todo el 'apolítico' juego de la oferta y la demanda y ellos, los gestores, se declaran neutrales ante las cuestiones más delicadas, como la cultura y el arte. Cuando la cultura deja de ser una herramienta para el diseño, construcción y mantenimiento del orden social, las cosas culturales quedan decomisadas y son llevadas a subasta para que las adquiera el mejor postor.

MJ: En el arte, me interesa más lo que podría llamarse el tiempo público/compartido/común que el lugar o espacio. Me refiero a las ágoras temporales de discusión y participación que tratan cuestiones globales pero también locales: unas ágoras temporales que pueden ir desde las redes en Internet hasta las manifestaciones callejeras y que suelen vincularse entre sí.

(El año pasado, en Minsk, Bielorrusia se dio un caso interesante: al estar prohibidas las manifestaciones, unos jóvenes se reunieron en silencio en medio de la calle y se pusieron a comer helado al unísono, llamando así la atención.)

Muchos de los proyectos llamados "new genre public art" se basan en el tiempo. La diferencia entre el arte y la arquitectura también radica en que tienen distintos marcos y escalas temporales. ¿Cree que esto refleja cambios actuales en la sociedad? ¿Está cambiando la jerarquía entre el tiempo y el espacio o la situación debe analizarse en otros términos?

ZB: De nuevo plantea usted una cuestión muy pertinente. Las ágoras se están multiplicando, aparecen de la nada y vuelven a desaparecer y lo hacen con un ritmo alucinante. Viven como las mariposas: frágiles, se rompen fácilmente y ninguna tiene tiempo para consolidarse. Ninguna reunión momentánea dispone de tiempo para convertirse en comunidad. La fuerza motriz de nuestro modo de ser líquido-modernos es el olvido no el aprendizaje...

Stephen Bertman habla de "nowist culture" (cultura del ahora) o de "hurried culture" (cultura apresurada) para referirse al modo de vida de nuestras sociedades. Son expresiones acertadas, especialmente para comprender el fenómeno del consumismo liquido-moderno. Podemos decir que este consumismo se caracteriza por su hasta ahora inaudita renegociación del significado del tiempo. El tiempo ya no se vive de forma cíclica o lineal sino, usando la metáfora de Michel Mafessoli, es *pointilliste*, o como dice Nicole Aubert es un tiempo *puntuado*, caracterizado, más que por los puntos, por las rupturas y discontinuidades entre puntos, por los intervalos que separan los sucesivos puntos, impidiendo que se vinculen. El tiempo puntillista se caracteriza por su inconsistencia y falta de cohesión —por su falta de lógica— antes que por su continuidad y consistencia. Un tiempo en el que la secuencia causal que pueda ligar los distintos puntos, se conjetura a posteriori, en una interpretación retrospectiva de la comprensibilidad del orden causal, que, sin embargo y por norma, no suele estar presente en las motivaciones de los individuos cuando van de un punto a otro. Es un tiempo pulverizado en múltiples "instantes eternos", acontecimientos, sucesos, accidentes, aventuras, episodios —mónadas auto-contenidas, fragmentos separados, cada uno reducido a un punto, un punto que se acerca al ideal geométrico de la no-dimensionalidad.

Para la geometría euclidiana, los puntos no tienen longitud, anchura ni profundidad: existen, por así decir, antes del tiempo y del espacio; en un universo de puntos, el tiempo y el espacio aún están por nacer. Pero, como dicen los expertos en cosmología, algunos de estos puntos no-espaciales/no-temporales pueden tener un potencial infinito para expandirse o para explotar —como al parecer ocurrió con ese inicial punto que precedió al *Big Bang* que hizo nacer el tiempo y el espacio. Según Mafessoli, hoy en día, "la idea de Dios está resumida en un presente eterno que encapsula el pasado y el futuro"; "La vida, social como individual, no es más que una sucesión de presentes, una colección de instantes experimentados con distinta intensidad".

Podemos creer que cada punto-de-tiempo contiene la posibilidad de un nuevo *Big Bang*, y también todos los siguientes, y poco importa lo que (no) ocurrió con todos los precedentes ni que la experiencia demuestre que las oportunidades de explosión o se perdieron o no llegaron a existir y que casi todos los puntos resultaron estériles y casi todas las turbulencias abortadas. Un mapa de la vida puntillista sería muy similar a un cementerio de posibilidades imaginarias, deseadas o ignoradas, pero todas truncadas. O, también, un cementerio de oportunidades perdidas. En un universo puntillista, las tasas de mortalidad infantil, de abortos y de esperanzas frustradas son altas. En el modelo temporal puntillista, no hay cabida para la idea de 'progreso', ese río vacío por cuyo lecho fluye despacio pero seguro el tiempo hecho esfuerzo humano, o ese edificio que va surgiendo de sus cimientos, piso tras piso, siempre más alto y elegante, asentado sobre sí mismo hasta alcanzar su cima y marcar con guirnaldas de flores la culminación de un esfuerzo prolongado, decidido y diligente. Esta imagen ha sido sustituida por la creencia de que "el objetivo ideal se puede y se debe alcanzar quizá enseguida, quizá ahora" —citando a Franz Rosenzweig, que pronunció esas palabras en los años 1920 como un acicate, pero que ahora suenan como una profecía. Según Michael Lövy —en su interpretación de la visión de Walter Benjamin del proceso de la modernidad-, la idea de 'tiempo de necesidad' ha sido sustituida por la de "tiempo de posibilidades, tiempo fortuito, aleatorio, siempre dispuesto para la impredecible irrupción de lo nuevo", una concepción de la historia como proceso abierto, indeterminado, en el que las sorpresas, los inesperados golpes de fortuna y las oportunidades inesperadas pueden aparecer en cualquier momento". Cada momento, habría dicho Benjamin, tiene potencialidades revolucionarias. O, ahora en palabras de Benjamin –palabras en las que resuena el vocabulario de los antiguos profetas hebreos–: "cada segundo es la pequeña puerta por la que puede entrar el Mesías".

¿Puede la cultura sobrevivir a la devaluación de lo duradero, a la muerte de lo infinito? ¿Es la "primera víctima colateral" de la victoria del mercado de consumo? La respuesta a esta pregunta es que no lo sabemos realmente –aunque deberíamos sospechar de cualquier respuesta negativa y confiar antes, como recomendó Hans Jonas, en los oscuros presagios de los "profetas de la maldición" que en las promesas tranquilizadoras de los promotores de este mundo-feliz-del-consumo. Y no faltan profetas de la perdición. William de Kooning, por ejemplo, apuntó que en nuestro mundo "el contenido es un atisbo", una vision fugitiva, una mirada pasajera. Yves Michaud, uno de los más incisivos analistas de las vueltas y giros de nuestra cultura post-moderna y post-postmoderna, sugiere que la estética, ese siempre huidizo e insistentemente perseguido objetivo de la cultura, se consume y celebra hoy en día en un mundo vaciado, y vacío, de obras de arte… Al parecer, según dicen Françoise Gilot y Carlton Lake, Picasso consideraba a Dios "simplemente un artista más –inventó la jirafa, el elefante y el gato. Pero no tiene estilo propio. Siguió inventando otras cosas…". Reflexionando sobre la situación del arte contemporáneo, Tom Wolfe se preguntaba: hemos prescindido de los objetos figurativos, de la tercera dimensión, de los colores, de la técnica, de los marcos, de los lienzos… pero, ¿y la pared? La imagen de la obra de arte como algo que cuelga de una pared ¿no es pre-moderna? Como justamente apunta usted, los *acontecimientos* parecen ser ahora las fuentes más potentes de valor: los eventos promocionales, o eventos promocionados, a los que acuden millares de personas porque saben que acuden millares de personas, de los que se venden montones de entradas porque se sabe que provocan montones de colas. Estos acontecimientos evitan cualquier contacto con los riesgos que trae consigo una sencilla exposición, incluso en la más afamada galería de arte. A diferencia de ésta, los acontecimientos no necesitan contar con una lealtad incierta en un mundo con una memoria pública notablemente corta y en el que innumerables atracciones compiten ferozmente por llamar la atención de los consumidores.

Los acontecimientos, como los productos en los que confían los consumidores, deben tener fecha de caducidad. Sus diseñadores y promotores pueden prescindir de las consideraciones a largo plazo (ahorrándose así esfuerzos y pudiendo creer estar a tono con el espíritu de la época), y limitarse a organizar y buscar un "impacto máximo con obsolescencia inmediata". La suerte actual de la cultura y del arte es como una secuencia aleatoria, fortuita de episodios que se suceden sin un orden inteligible... este es el mundo que los artistas deben lograr entender, representar y (de ser posible) transformar.

Jacques Villeglé, un atento fotógrafo y pintor de enormes lienzos que cuelgan en las paredes de las más prestigiosas galerías de París (al menos ahí los vi hace unos años...), trabaja en realidad con otras paredes en la mente y con un planteamiento muy postmoderno: las paredes de las calles donde ocurren las cosas, una ventana antes que una jaula o un refugio −eso que para los modernistas definía la diferencia entre el interior y el exterior de las artes. Las paredes que se asoman en los lienzos de Villeglé y que cubren las *de las galerías* son las *de la ciudad*, paredes vivas, señales inacabadas y constantemente renovadas de la más eminente de las artes modernas: el vivir en tiempos de modernidad. Paredes que reflejan la vida misma quedan registradas para ser trasladadas a los museos reencarnadas en *objet d'art*. Los objetos de Villeglé son los paneles y vallas donde se pegan anuncios y carteles publicitarios, donde se pintan *graffitis*; o los trozos de muros que separan y esconden las residencias privadas de los espacios públicos: tramas de ladrillo limpio o de cemento blanco que desafían y tientan al pintor, al anunciante, al pega-carteles, una tentación difícil de resistir en una cuidad líquido-moderna que rebosa imágenes y sonidos que reclaman atención.

Una vez fijados en los lienzos, los paneles publicitarios y las paredes, invadidas y ocupadas por las tropas móviles del imperio de la información, confunden sus respectivos orígenes. Se parecen enormemente: ya no importa si proceden del Boulevard de la Chapelle, el de Haussman o Malesherbes, de la rue Littré, del Boulevard de la Marne o de la rue des Écoles; de Saint Lazare o del Faubourg St.Martin o del cruce de Sèvre con Montparnasse. Cada uno de ellos es una mezcla casual de cosas muertas y cosas en construcción; un lugar donde se encuentran lo que está a punto de morir con lo que está naciendo –y acabará muriendo. El olor a pegamento fresco lucha contra el hedor de los cuerpos en descomposición. *Affiches lacerées*, carteles lacerados, los llama Villeglé... trizas de carteles se sobreponen sobre trozos de carteles aún por romper. Medias sonrisas sobre medias caras desgarradas, un sólo ojo, una oreja suelta, rodillas y codos unidos a nada; gritos que se hunden en el silencio antes de poder entenderlos; mensajes que se diluyen y desaparecen en una frase cortada, callada poco después de pronunciar su significado; invitaciones incompletas, frases sin inicio.

Pero estos montones de papeles fragmentados están, sin embargo, llenos de vida; nada está quieto, todo viene de otra parte y está de paso. Todo está de paso. Todos los hogares son sólo posadas en el camino. Estos paneles y muros recubiertos de capas y capas de significados que ya fueron, podrían haber sido y podrían llegar a ser son instantáneas de una historia en movimiento, una historia que avanza haciendo trizas sus huellas: historia como un factor de desechos, basura. Ni creación ni destrucción, ni aprendizaje ni olvido, tan sólo una prueba viviente de la futilidad, de lo absurdo, de estas distinciones. Nada nace para vivir mucho tiempo y nada muere definitivamente. Lo duradero, ¿qué significa? cosas hechas para que duren: qué extraña idea...

Los cuadros de Manolo Valdés también son enormes y se parecen mucho entre ellos. Sea cual sea el mensaje que transmiten, éste se repite, con efusiva pero apasionada insistencia, una y otra vez, lienzo tras lienzo. Valdés pinta/compone/reúne/pega *caras*, o mejor dicho, una cara: la cara de una mujer. Cada lienzo es una prueba material de un nuevo intento, un nuevo esfuerzo por acabar el retrato, pero ninguno está acabado, sea lo que sea lo que pueda significar la palabra 'fin' aplicada a un cuadro. O, ¿es que estos cuadros son muestras de un trabajo terminado en el pasado pero luego rechazado por obsoleto, y condenado? El lienzo ha sido congelado, sin duda, en el momento en que se colgó en la pared de la galería: pero quedó inmovilizado, ¿mientras estaba por hacerse o cuando se estaba deshaciendo? Ida o vuelta, *aller ou retour*. No lo sé... Resulta difícil saber si sube o baja, si avanza o retrocede. Al igual que la oposición entre creación y destrucción, estas distinciones carecen ya de sentido −o quizá nunca lo tuvieron: quizá el vacío que se cierne sobre los significados era antes un secreto celosamente guardado por todos aquellos que insistían en que "ir hacia delante" era lo bueno; esas personas que miraban hacia delante y que creían que 'creación' era la palabra adecuada para la destrucción que ellos, las personas creativas, realizaban. Este el mensaje que los lienzos de Valdés, al unísono, transmiten; quizá su único mensaje.

Los *collages* de Valdés están laboriosamente hechos, compuestos capa tras capa, con trozos y jirones de arpillera, algunos pintados, otros sin pintar muestran orgullosos el color crudo del cáñamo; algunos preparados para ser pintados, otros desprendiéndose de la pintura ya seca que se les aplicó tiempo atrás. O, ¿son pedazos que se sacaron de un cuadro que estaba acabado, entero y sereno, y era liso? Los parches no están bien sujetos y algunas de sus esquinas quedan colgando, pero, insisto: no está claro si están por ser pegados o si se van a despegar. Estos *collages*, ¿son instantáneas tomadas en el proceso-de-creación o en el proceso-de-descomposición? Son trozos y jirones de arpillera, ¿nuevos y en formación o usados y putrefactos? El mensaje es: no importa y, aunque lo supiéramos, tampoco importaría.

Braun-Vega pinta, por así decir, *encuentros imposibles*: un desnudo de Velázquez en compañía de las bañistas de Picasso bajo la mirada de un policía parisino con uniforme del siglo XXI... ¿Encuentros imposibles? En el mundo de vida moribunda y de muerte no-muerta, todo puede ocurrir, lo improbable se hace inevitable; lo extraordinario, rutina. Todo es posible, incluso inevitable, cuando la vida y la muerte han perdido el significado que las diferenciaba: ahora las dos son revocables, hasta nuevo aviso. Esta era *la distinción* que daba linealidad al tiempo, que diferenciaba lo pasajero de lo duradero y daba sentido a las ideas de progreso, degeneración y punto de no retorno. Desaparecida la distinción, las oposiciones constitutivas del orden moderno pierden significado.

Villeglé, Valdés y Braun-Vega son, a mi entender, artistas verdaderamente representativos de la era líquido-moderna: una era que perdió seguridad en sí misma, que se resigna a vivir en el torbellino del consumismo, que renunció a la osadía de esbozar –y menos aún realizar– modelos de perfección, modelos que acabaran con los torbellinos. Si la etapa sólida de la modernidad iba en pos de la 'eternidad' (un nombre para un estado de perpetua, monótona e irrevocable repetición-mismidad), la modernidad líquida no se pone objetivos ni diseña metas absolutas. Más exactamente, concede la cualidad de lo permanente solo al estado de transitoriedad. El tiempo fluye, ya no se 'encamina'. Hay cambio, siempre hay cambio, siempre un renovado cambio, pero no hay destino, un punto final, ni una misión por cumplir. Cada momento vivido está preñado simultáneamente con lo *nuevo* y con el *fin*: otrora enemigos jurados, ahora son gemelos siameses.

La obra de estos tres artistas refleja las características de la experiencia líquido-moderna: cancelación de la oposición entre creación y destrucción, aprender y olvidar, ir hacia delante y hacia atrás –una flecha del tiempo sin punta. Todos, rasgos de una realidad vivida que Villeglé, Valdés y Braun-Vega reciclan bajo la forma de lienzos que pueden ser colgados de las paredes de las galerías. Pero no sólo ellos: digerir estas nuevas cualidades de nuestro mundo, de nuestro *Lebenswelt* y articular su experiencia es quizá la principal preocupación del arte en un mundo de 'corredores' y no de observadores, un mundo que ya no se sienta a esperar que el artista complete su obra. Esto se percibe en la tendencia a reducir cada vez más la vida de los productos artísticos a la categoría de *performances* y *happenings*, en el escaso tiempo que transcurre entre la apertura y el desmantelamiento de una exposición, en la preferencia por materiales frágiles y friables, claramente degradables y desintegrables, en las obras expuestas a la intemperie que no resistirán las inclemencias de la climatología; en definitiva, en la preeminencia que se concede a la decadencia y a la desaparición en la apariencia material del *objet d'art*: una obra de arte suicida.

MJ: El arte actual parece interesarse mucho por lo cotidiano, por las vidas y preocupaciones de la gente corriente, pero no queda claro si el artista lo hace para aumentar su 'fama' o desde una genuina motivación política. Estos artistas rechazan, no sin razón, hacer las veces de trabajadores sociales o de políticos, pero la autonomía del arte queda, no obstante, en solfa cuando, como todo lo demás en la sociedad, queda bajo el influjo de la economía, de la política. Si pensamos en la eterna función del arte –la de representar, reflejar, imitar, abrir una ventana sobre el mundo–, este tipo de arte estaría siguiendo la tradición, sólo habría cambiado la modalidad: en espacios abiertos, en la calle y grabándose con video, Internet o fotografía. Grabaciones que pueden integrarse en la los circuitos institucionales y comerciales para generar unos ingresos que financiarán el próximo proyecto. ¿Qué piensa usted de este giro político en el arte? Alguien ha dicho que es el resultado de la política neoliberal: que a la sociedad ya no le interesan los problemas sociales y los artistas vienen a ocupar, quizá ingenuamente, ese vacío.

ZB: Para no hacer perder el tiempo a sus clientes o perjudicar sus futuras e impredecibles satisfacciones, los mercados ofrecen productos para el consumo inmediato, a ser posible de 'usar y tirar', desechables y rápidamente sustituibles, de modo que la experiencia no se acumule una vez haya pasado de moda el objeto hoy admirado y deseado. Los clientes aturdidos por el sucederse de modas, por la impresionante variedad de la oferta y por el ritmo vertiginoso de los cambios ya no pueden contar con los recursos que proporciona el aprendizaje y la memoria y deben, casi siempre con agrado, aceptar las promesas tranquilizadoras de que el producto actualmente en boga es lo que hay que tener, lo que hay que llevar.

Poco importa ya la naturaleza duradera y 'objetiva' de la belleza del producto. La belleza tampoco está 'en el ojo del observador' sino que reside en la moda, de modo que la belleza se tornará fealdad tan pronto como la novedad del momento ceda el paso a otra, algo que ocurrirá pronto, enseguida –y quizá esa novedad volverá a resucitar, para otro ratito, cuando llegue una moda *retro*. Si no fuera por la 'maravillosa' capacidad del mercado de imponer pautas regulares, aunque efímeras, a las opciones claramente individuales y potencialmente aleatorias de los consumidores, éstos se sentirían completamente desorientados y perdidos. El gusto ya no es una guía digno de fiar: aprender y confiar en el conocimiento adquirido es antes una trampa que una ayuda, el *comme il faut* de ayer puede convertirse en cualquier momento en un *comme il faut pas* de hoy.

"La belleza impera", dice Yves Michaud en su análisis del arte en el mundo líquido-moderno. "Se ha convertido en un imperativo: sé bello o, al menos, ahórranos tu fealdad". Ser feo significa ser condenado a la basura y estar en la basura es prueba suficiente para convencerse de la propia fealdad. ¿No era esto lo que soñaban los artistas modernos y los filósofos de la estética?.. ¿Estamos presenciando acaso el triunfo de la belleza, el logro de uno de los más ambiciosos "proyectos de la modernidad"? No es tan sencillo, diría Michaud: no está claro si se trata de un triunfo o de una debacle. Ha triunfado la estética pero matando su objeto... la estética ganó, trivializando la belleza -y minando el status de 'las obras de arte': 'valiosas y únicas', con 'su áurea y sus cualidades mágicas', 'refinadas y sublimes'. Lo estético se cultiva, se difunde, se consume en un mundo en el que ya no hay obras de arte. El arte se ha evaporado en una especie de 'éter estético' que como el éter de los pioneros de la moderna química lo impregna todo pero no se condensa en nada. Bellos son unos pantalones del diseñador de moda, o los cuerpos rehechos en gimnasios y quirófanos según dicte la última moda, o los productos en los estantes de los supermercados. Incluso los cadáveres son bellos: cuidadosamente envueltos en sábanas de plástico y alineados delante de la ambulancia. Todo tiene, o al menos puede tener o debería tener, sus quince minutos, incluso su quincena... camino del contenedor de desechos.

No juzgue el arte contemporáneo con los criterios de los museos. Podemos decir que lo que los cementerios son a los vivos, los museos lo son a la vida del arte: lugares donde se ponen objetos inanimados, muertos. Algunos cadáveres se ponen en tumbas cubiertas de lápidas funerarias para que los visiten aquellos que se sienten huérfanos y afligidos por su desaparición, otros desaparecen para siempre en anónimas fosas comunes o se desintegran sin dejar rastro en pueblos arrasados, en los crematorios o en el fondo del río de La Plata. Algunas obras de arte se colocan en los museos, donde su belleza, otrora celebrada abiertamente, queda satinada, esterilizada y embalsamada para salvaguardarla, como ocurre con los sitios arqueológicos, para disfrute de los aficionados a la historia y de los que llegan en los autobuses turísticos. Los cementerios y los museos están alejados del ajetreo del día a día, alejados de los quehaceres de la vida, con sus espacios acotados y sus horarios de visita. En los museos como en los cementerios, no se habla, no se come ni se bebe, no se corre ni se toca.

Los espacios de lo cotidiano son distintos, son lugares para la estética, no para los *objets d'art*. Son un escenario para actos efímeros, *performances* y *happenings*, para instalaciones hechas con materiales clara y conscientemente perecederos o hilados con pensamientos inmateriales. Cosas y acontecimientos que podrían jurar no quedarse más tiempo del conveniente y cumplirían con su promesa. Nada de lo que se pone o se ve en ese escenario habrá de durar o ser conservado cuando llegue su hora —frágil y pasajera, así es la cosa. Sea lo que sea lo que ahí ocurre, tendrá tanto significado como pueda soportar su escasa capacidad de contener. Un significado que, en definitiva, buscarán y vislumbrarán personas duchas en el arte del *zapping* —y los zappeadores entran después de los títulos y salen antes de que aparezca "fin" sobre la pantalla. Michaud se refiere al nuevo régimen de atención que antepone el escaneo a la lectura y el descifrado de los significados: "La imagen es fluida y móvil, es menos un espectáculo o un dato que un elemento en un encadenamiento de acciones", y, habiéndose separado de la secuencia de referencia, la imagen, liberada, puede ser engaachada libremente a cualquier caravana o secuencia de fantasmas.

El desplazamiento de las imágenes desde el foco de atención a la basura de la atención —irrelevancia, olvido, invisibilidad— es aleatorio. La diferencia entre 'el objeto' y su entorno —un entorno ahora indiferente— ha quedado borrada, al igual que se borró la diferencia entre ser objeto de atención y dejar de serlo. Los objetos y los desechos cambian fácilmente de lugar. En una galería de Copenhague pude admirar no hace mucho tiempo una instalación montada con televisores, cuyas pantallas mostraban la expresión "The promised land", la tierra prometida. Me pareció una instalación sesuda que invitaba a la reflexión, sobre todo porque en una esquina de la sala, como concluyendo la hilera de televisores, había una escoba, un cubo y una fregona. Pero antes de poder conjeturar nada sobre el sentido de la instalación, apareció la señora de la limpieza y se llevó los aparejos que había dejado ahí el tiempo de ir a tomarse un café.

En estas circunstancias, sólo los números ofrecen a los perplejos observadores, perdidos en su búsqueda de la belleza, una salida al caos que genera la revoloteante estética de los objetos móviles. La salvación está en los números. Como dicen los jefes de ventas: toda esa gente que compra las mismas cosas, no puede estar equivocada... como por arte de magia, lo unánime de la elección ennoblece su objeto. Un objeto, seguramente, bello ¿no? De lo contrario no lo habrían escogido tantas personas... la belleza está en las cifras de ventas, en los discos de oro, los records de taquilla, las audiencias millonarias (Andy Warhol dijo una vez: "imagínate un motón de billetes colgando de una cuerda. Ciento sesenta dólares... ¡qué bella imagen!")

Quizá la belleza esté también en otra parte, como insisten en creer algunos filósofos –pero, ¿cómo saberlo? Y, ¿quién avalará nuestras elecciones si las buscamos en lugares extraños "à qui on ne parle plus". Ni los antiguos maestros, cuya reputación, suponemos, está ya más que probada por su venerable edad y la cantidad de pruebas que han superado a lo largo de la historia, pueden ignorar las nuevas reglas del juego de la belleza. Hoy es Vermeer, mañana Matisse, pasado Picasso "al que tienes que ver y ser visto viendo", según sea la exposición *à la mode* de la que "todos los que son algo hablan". Como en otros casos, la belleza no está en la calidad de los cuadros sino en la (cuantitativamente medida) magnitud del acontecimiento. En la sociedad liquido-moderna, la belleza corre la misma suerte que todos los ideales que motivaban la desazón y la rebeldía de los seres humanos. La búsqueda de la armonía total y de lo eterno se percibe ahora, sencilla y llanamente, como un empeño sospechoso. Los valores son valores, siempre y cuando se puedan consumir en el acto, instantáneos, y mejor si son de 'usar y tirar'. Los valores están en las experiencias momentáneas. Así ocurre con la belleza..., pero, ¿y con la vida? La vida es una sucesión de experiencias momentáneas...

"La belleza no tiene un uso evidente; ni hay una clara necesidad cultural de belleza. Sin embargo, la civilización no puede vivir sin ella", decía Freud. "Esa cosa inútil que la civilización ha de valorar es la belleza. Esperamos del hombre civilizado que reverencie la belleza cuando la ve en la naturaleza y que la cree en sus objetos fabricados". La belleza, junto con la limpieza y el orden, "ocupan un lugar destacado en las exigencias de civilización". Pero tengamos presente que esas tres metas señaladas por Freud como "exigencias de civilización" son horizontes imaginarios del proceso civilizador. Quizá fuera mejor, más claro y menos discutible, hablar de embellecimiento, purificación y ordenación, antes que de belleza, pureza y orden. Vemos ahora con más claridad que nuestros antepasados que el proceso civilizador no está delimitado en el tiempo, ni es tampoco un periodo transitorio que culmina y concluye en la civilización: sino que el *proceso* es la sustancia misma de la civilización. La idea de una civilización que ha completado el esfuerzo civilizador, que ha alcanzado la limpieza, el orden y la belleza, es tan incongruente como un viento que no sopla, un río que no fluye.

Las civilizaciones (es decir, el esfuerzo de civilizar, los procesos civilizadores) surgen en pos de la belleza. Pero lejos de saciar ese afán, lo habrían hecho insaciable.

MJ. La función del artista —ya sea por elección o por atribución— suele reflejar la función que una determinada situación social o cultural concede al arte. Esa función ha cambiado radicalmente a lo largo de la historia y hoy en día se reviste de algunos aspectos como el trabajo asalariado (incluso vinculado a un horario). ¿Cómo percibe usted la labor de los artistas a la hora de suscitar, y participar en, los debates culturales y sociales?

ZB: El paulatino pero decidido desmantelamiento de la tutela administrativa del arte suscitó reacciones encontradas en las personas vinculadas al mundo del arte. Algunos, como Voltaire, se desesperaron cuando la corte de Luis XIV dejó de proporcionar todo lo necesario para encauzar los esfuerzos creativos (motivos para crear y juicios sobre lo creado). Los creadores se trasladaron, entonces, a

París, a sus salones, con sus interminables *querelles*, sus sillas musicales, lugares donde sus convicciones se desvanecían antes de poder solidificarse. Otros se sintieron eufóricos: finalmente, eran libres; y si la libertad significaba incertidumbre, que así fuera: al menos, 'crear' sería desde entonces sinónimo de 'auto-crearse', un logro que compensaba cualquier pérdida.

Pero, cuidado: como dijo Joseph Brodsky a propósito del exilio de la tiranía administrativa o de la administración tiránica, "un hombre liberado no es un hombre libre"; la liberación es el medio para alcanzar la libertad, pero no es la libertad. Y acababa diciendo: "el hombre libre, cuando fracasa no le echa la culpa a nadie".

MJ. ¿De dónde surge su interés por el arte y cómo incide sobre su análisis de los tiempos cambiantes y del modo de vida de los individuos y de la sociedad de nuestros días? ¿La libertad sigue siendo un bien superior? Y, si es así, ¿estaría amenazada?

ZB. Como diría Goethe, o Weber, hay una 'afinidad electiva' (*Wahlverwandtschaft*) entre lo que hacen el sociólogo y el artista (pintor, escultor, poeta). Ambos reciclan el *Lebenswelt*, la experiencia humana del estar-en-el-mundo y ofrecen una nueva visión sobre la misma, una visión familiar aunque no tanto, reconocible pero diferente, una visión que ofrecen para que la gente en la que se fijaron la considere, dando pie así a una conversación en la que dos o más versiones se solapan y someten a un continuo y nunca acabado *test*. Durante esa prueba, todas las versiones pasan por transformaciones tan infinitas e inconducentes como las pruebas y las conversaciones en las que son sopesadas.

En este sentido, hay una asombrosa similitud entre la vocación del sociólogo y la del artista. Operan en un mismo terreno, se nutren de los mismos alimentos, de ahí que suelan tener una especie de 'rivalidad entre hermanos' pero también que se complementen, corrijan e inspiren mutuamente, que aprendan uno de otro.

Los artistas tienen, sin embargo, una ventaja sobre los sociólogos: de ahí que una y otra vez sea el artista el primero en percibir, sentir, aprehender, articular y mostrar (haciendo visible e inteligible) lo nuevo, lo que está por nacer, las formas emergentes del *Lebenswelt*; y que, sólo en un segundo momento, y gracias al trabajo previo de los artistas, los "estudiosos de la vida social" las perciban, mastiquen y digieran. Esa ventaja es la libertad, o mejor dicho una libertad de experimentar, de arriesgarse y equivocarse muy superior a la que suele darse entre los muros de la academia tras los que viven y trabajan los sociólogos. A diferencia de los académicos, los artistas no están condicionados por las estadísticas oficiales y las opiniones mayoritarias, ni están atrapados por la angosta jaula de una disciplina con denominación controlada. Siguen libremente sus intuiciones y sus imaginaciones, y pueden decir, alto y claro, lo que los académicos no se atreven a decir públicamente o sólo susurran envolviendo el mensaje en miles de codicilos y matices.

Intento aprender del artista el difícil arte de arriesgarse y de ser valiente.

Del *collage* al *décollage*

Jacques Villeglé

A primera vista, los carteles lacerados, *les affiches lacerées*, parecen formar parte del decorado de la vida cotidiana al igual que esos papeles pintados que, en septiembre de 1912, primero Braque y luego Picasso convirtieron en medio de expresión pictórica con la nueva técnica del papel pegado. La primera confusión reductora viene del hecho de que el material de base del *collage* y de la laceración es el mismo. Pero, ¿qué era el *collage*? Una invención de Braque que mitigaba los inconvenientes del hermetismo y una provocación de Picasso que introducía en la pintura un elemento que el cubismo ya había tenido presente. O también, para algunos, ¿una ironía de cara al observador que echaba en falta la representación ingenua de los objetos?

Los papeles pegados cubistas eran estáticos. el *ingeniero* Raoul Hausmann y el *montador-dada* Heartfield, con el *fotomontaje*, introducen la simultaneidad cinematográfica; mientras Schwitters, creando *Merz*, lleva el collage a su cima poética. Luego llegaron los *raffineurs*: los pintores y poetas surrealistas añaden en 1925, juego y azar con el *cadavre esquís dibujado*; en 1930 Arp, le da distancia y abstracción con el papel hecho trizas, arrugado, doblado, anudado; Matisse, en 1947, con las tijeras, aporta la amplitud y juventud de su larga experiencia. Dubuffet, el betún y, en 1953, la palabra *assemblage*. Tinguely, *l'imprévu en action* hecho con cualquier objeto; Arman, el reino de la cantidad con la *acumulación*, el *retrato-robot*; Martial Raysse, el color aséptico de los escaparates de *prisunic et tutti quanti;* al otro lado del Atlántico, con la estrategia dada, se parodia la *pesadilla acondicionada* estadounidense: *action painting, massmedia* y *ready-made* se combinan para intentar colmar "el vacío que existe entre el arte y la vida" (Rauschenberg).

El *colleur* revoluciona las formas de la representación y, consciente o fortuitamente, altera la realidad con ensamblajes, en apariencia incompatibles, hechos en un plano claramente antiestético que convierte la significación inicial –funcional o anecdótica– en valor onírico o pictórico.

El pintor, para liberarse de la materia pictórica –a nueva visión, nuevos medios– sustituyó todo o parte de la superficie del cuadro: un papel pegado, una tela encerada (Picasso), un fragmento de espejo (Gris), una inyección de arena (Masson), insignias militares (Baj), una caja con la inscripción "Hôtel de L'Étoile" (Cornell), cuero repujado sobre madera barnizada (Domela), brocados entrelazados con sostenes y plásticos (Deschamps), molduras de muebles (Nevelson). Los abstractos de los años cincuenta, con su filosofía zen, organizan sus pequeños jardines personalizados: hacen composiciones *collagistes* utilizando sus propios bocetos como si fueran desechos, como ya habían hecho Man Ray y Arp. Injustificadamente, ya que no hay heterogeneidad en sus composiciones, llaman *collages* a esas inserciones. *La colle ne fait pas le collage.* Aunque tomen objetos extraños, éstos pierden su identidad al fundirse estéticamente con el todo. Su valor cromático es igual, y no superior, a la materia untuosa que sale de un tubo de pintura.

El tiempo del *esprit du collage*, reserva y fuente de juventud de la pintura que debía asumir la función que para la lengua escrita tiene la lengua hablada, ¿había acabado? En Montparnasse, los laborantes de la "Académie de l'Art Abstrait", tras las huellas del Picasso del Guernica y de la Bauhaus, ¿no lo sometieron a la pintura al óleo? ¿Ignoraban las obras neoyorquinas de Mondrian, cuando enseñaba composición con papeles de colores cortados geométricamente? Relajado, el lacerador *despega* ajeno a esos ejercicios dirigidos.

Aunque el *collage* y el *assemblage* desafiaban las convenciones de la representación y suscitaban una nueva y probable comprensión del mundo, no convertían el mundo en pintura, tan sólo juntaban algunas de sus partes dispersas. Y este esfuerzo por crear usando inserciones heteróclitas y heterogéneas se atascó en los talleres. El trozo de cartel, que esos manipuladores habrían podido usar y han usado como materia pictórica, se convertía en un elemento fragmentario ahogado en el cuadro: no se metamorfoseaba en *Pintura*.

La *invención de la palissade*, de la valla, con su desnudez y crudeza, ha sustituido a la *pintura*. Al preservar su esencia, mostrándola como es, Hains esquiva el *neronismo* e invita a mirar el mundo como un cuadro: es decir, tal y como se nos aparece, tal y como en su inaccesibilidad lo imaginamos. Y para ir más allá y separar esta invención de los conceptos pictóricos precedentes, bautizó una de sus hallazgos "*décollage* en el cincuentenario de la aeronáutica".

El *décollage* será desde ese momento el acto de arrancar de su contexto un objeto pegado o fijo. El arte del *despegue* es un gesto de apropiación y selección que, sin manipulación (sin sumar ni restar), traslada el objeto despegado del mundo real al mundo ficticio del arte. El término *décollage* se usó intencionadamente por todos los *ravisseurs*, los 'ladrones' de carteles lacerados, para reflejar la ruptura con las artes de transposición, con los *assemblages*, del que el *collage* es una variante. Se ha usado metafóricamente en el sentido aeronáutico de la palabra y, más recientemente, en su sentido económico. Los *ravisseurs* sobre todo han coleccionado carteles lacerados; etimológicamente, *l'affiche*, la valla, antes que soporte de avisos oficiales y comerciales, es una cosa fijada, fija, *fichée, plantada*; luego, por deslizamiento semántico, se convirtió en el poste que fija. Para el coleccionista de carteles lacerados, el arte del despegue es una invitación a abandonar el ámbito de las realidades estatales y burguesas, de la propaganda y la publicidad, para adentrarse en el ámbito poético del sueño, del imaginario.

Si, tras haber arrancado de las vallas alguna triza de cartel susceptible de mejora, el *ravisseur* decide modificarla para valorizarla plástica o dramáticamente, diremos entonces, siempre con lenguaje aeronáutico, que se trata de un despegue *asistido*.

El *ravisseur*, que defiende la *manifestación espontánea*, es, sin embargo, al mismo tiempo casuista. Abrir una brecha en la imaginería política y comercial, ¿no es negar la creatividad del salvaje que actúa sólo por impulso de una conciencia oscura? ¿No es rebelarse contra la naturaleza de las cosas? ¿Querer dominarla, negarse a someterse, crear un dilema en esa brecha que favorece las intenciones del adversario, bárbaro y anti-espontaneísta?

Esta oscilación entre productor/coleccionista no debe sorprender. Este vals asume la doble condición del "intelectualista" que desea encarnar los antagonistas pero sin llegar a ser un entrometido. El artista no opera en lo irracional como un rival sino como un coordinador de los fantasmas personales y colectivos: entre naturaleza y cultura, arte y sociedad, sensibilidad y espíritu, natural y artificial, profano y sagrado, *escoria y pepita*.

Cuando el *ravisseur* va más allá de la función de coleccionista de carteles lacerados para atreverse con un *collage asistido* –que algunos considerarán afectado-, no será por individualismo manierista, sino siguiendo el espíritu de contradicción del enciclopedista Diderot que hizo suya la *mentira* anticipando el *artificio* baudelairiano. Con este derecho a contradecirse, podrá alcanzar su objetivo: con el desgarro hará que los antagonistas se enfrenten en un combate singular.

Carta al editor

Herman Braun-Vega

París, 25 de octubre de 2007

A la atención de Framcisco Ochoa de Michelena,

En respuesta a su invitación a comentar el libro *Liquid Life* del Profesor Zygmunt Bauman, especialmente su tercer capítulo "La cultura: indisciplinada e imposible de controlar", puedo decir, ante todo, que leyendo ese libro pude constatar que, en lo que se refiere a mi obra, el profesor Bauman debió echar una mirada muy 'liquida' y superficial a las obras que expuse en *Art Paris* en el año 2003.

Al final del capítulo, Bauman, para rematar su análisis de la obra de cuatro artistas, entre los que figuro, escribe que somos "posiblemente los artistas más representativos del mundo que representan: el mundo moderno líquido".

Escribí al profesor Bauman (en diciembre de 2006) para comunicarle mi desacuerdo con sus afirmaciones. Cito algunos párrafos de esa (larga) carta:

"Me temo que mi trabajo está en las antípodas de lo que usted define como una "cultura de desvinculación, discontinuidad y olvido"[...] Más lejos, habla de un mundo que "ya no se espera que permanezca inmóvil el tiempo suficiente para que el artista complete su representación pictórica". Pero son ya 35 años que trabajo sobre la memoria, articulando sus distintos niveles: individual, socio-político e histórico."

También le dije, resumiendo, que efectivamente creo que vivimos en un mundo sin memoria y esa es la razón por la que uno de los elementos que interviene en mi obra es la memoria, en esos tres niveles. Los niños —y los adultos menos preparados— pueden acceder al primer nivel; el segundo y tercero les resultarán más fácilmente accesibles a los espectadores política y culturalmente mejor preparados.

Pero tampoco Bauman escapa a los fallos de la memoria...

"En su libro, cita usted de memoria tres cuadros que usted vio en el Louvre en el Salon *Art Paris*. Celebro haber despertado su memoria histórica, pero me temo que no logró ver las dimensiones sociales y políticas de las obras que cita. Dice, por ejemplo, haber visto un cuadro en el que el papa Pío IX lee un periódico que recoge una declaración de Juan Pablo II. Ese cuadro se titula *Que se acerquen los niños* —palabras que Jesucristo dirigió los apóstoles cuando éstos querían impedir se le acercaran unos niños.

Ese cuadro representa, en verdad, al Papa Inocencio X, pintado por Velázquez. Y lo que lee es un periódico que comenta la pedofilia en la Iglesia de los EE.UU. En el ángulo superior izquierdo hay un efebo —pintado por Caravaggio, artista homosexual protegido por los dignatarios del Vaticano, entre los que estaba el futuro Inocencio X. En la mano izquierda del Papa hay un periódico que menciona los escándalos de pedofilia en los que se vio envuelto el Vaticano en el 2003. La sonrisa forzada y la mano derecha levantada simulan una defensa o una excusa gestual, ¿que acaso se refiere a la actitud hipócrita de la Iglesia ante la sexualidad?

En el umbral de la puerta, en el fondo, se ve a un joven que lanza su dedo acusador contra él/nosotros. Delante del Papa, hay un niño mordiendo una manzana: ¿la próxima víctima? Es un ejemplo de las tres memorias.

Cita usted un segundo cuadro que, supongo, es el titulado *Después del baño...* *(Velázquez, Rembrandt, Picasso)*. La memoria nos juega a veces malas pasadas, pues como puede constatar... no hay ningún policía en ese cuadro.

En lo que se refiere al tercer cuadro, debo decirle que nunca he trabajado la obra de Brueghel el viejo."

El profesor Bauman me respondió, a principios de enero, aduciendo que los errores se debían al cansancio, a que su visita había sido veloz y que había descrito mis cuadros de memoria.

Al no tener noticia del número de enero 2007 de la revista *Theory, Culture & Society* pensé que, tras mis comentarios, Bauman habría corregido esos errores e incluso habría dejado de mencionar mi trabajo. Pero mi sorpresa fue mayúscula cuando a principios de mayo recibí una fotocopia enviada desde Madrid por Ediciones sequitur del artículo "Liquid Arts" en el que pude comprobar que Bauman había introducido unas modificaciones ciertamente molestas.

El artículo, en el que Bauman sintetiza sus comentarios en *Liquid Life*, incluía, en efecto, algunos cambios sustanciales.

Así, refiriéndose a los artistas que analiza, dice "y el tercero es Braun-Vega"; ya no escribe, como en el libro, "Braun-Vega, que ha expuesto en el quinto salón *Art Paris* en el Caroussel del Louvre", lo que da a entender que el profesor Bauman conoce desde antiguo mi obra y que ha dispuesto por tanto de tiempo para sopesar sus consideraciones sobre mi propuesta, y no que la descubrió por primera vez en una breve visita al mencionado Salón del 2003.

Para describir mi trabajo, Bauman usa en ese artículo una comparación que tampoco aparecía en el libro y que me suscitó una viva reacción: "es comparable a las entradas de esos centros comerciales en los que uno se cruza con gentes de todos los colores y formas." Una imagen molesta, ya que puede interpretarse como un rechazo, por parte de Bauman, a todo lo que signifique mezcla cultural, sincretismo y mestizaje. De haber conocido esa frase –radicalmente contraria a mis planteamientos– habría protestado con fuerza toda vez que, desde hace varias décadas, vengo reflejando en mi obra el sincretismo formal y la mezcla cultural y racial, como reflexión en torno a una realidad hoy en día ineludible.

Uno de mis cuadros, reproducidos en ese artículo y acompañado simplemente de la anotación "Ilustración núm. 3", debía "ilustrar" los análisis de Bauman. Pinté ese cuadro (titulado "Washington in

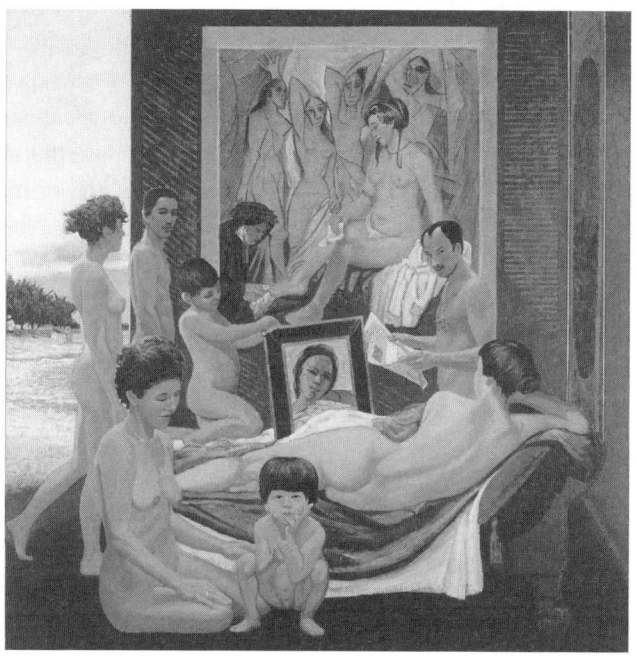

New-York (Stuart Gilbert)", 1999, acrílico sobre lienzo, 1.00m x 0.80 m) para una exposición en Nueva York. El paisaje urbano que ahí pinto es fiel y exacto reflejo de una esquina de Nueva York. Y, una vez más, lejos de de ser un ejemplo de una cultura anecdótica de "la desvinculación, la discontinuidad y el olvido", este cuadro refleja mi trabajo sobre la memoria cuyos tres niveles articulo siempre en mi obra. Se ve un restaurante llamado "Harry's Burritos": sincretismo que empieza en el paladar (nombre anglosajón, comida mexicana) y acaba en el idioma (el *Spanglish*, como memoria social). La señal de tráfico bocabajo puede entenderse como una alusión (*Marcher sur la tête*: "caminen patas arriba") a la dirección que imponen los dirigentes del gobierno estadounidense en su búsqueda del "Eje del Bien", es decir, la democracia a la estadounidense (memoria política).

La democracia no es como la Coca-Cola, con esa fórmula secreta custodiada en los EE.UU. pero que todo el mundo puede beber, experimentando el mismo sabor, siempre y cuando paguen los correspondientes *royalties* a la casa madre. Creo que las sociedades necesitan la democracia como necesitan el pan, indispensable para toda sociedad pero que cada sociedad produce a su manera.

En ese cuadro, George Washington, primer presidente de los EE.UU. (memoria histórica) lee un periódico (memoria de lo cotidiano). En su día, Washington votó la Constitución de los EE.UU. en la que hoy figura la 2ª enmienda que reconoce el derecho de los ciudadanos a tener armas. De algún modo se ha convertido en la imagen en la que se identifican los WASP –especialmente los miembros del National Rifle Association– que abogan por una América blanca.

Resumiendo, creo que mi trabajo está en las antípodas de lo que el profesor Bauman define como "cultura líquida".

Herman Braun-Vega
www.braun-vega.com

NB: A día de hoy, no he recibido un ejemplar del número de enero de la revista *Theory, Culture & Society* en la que se reproduce el artículo del profesor Bauman ni he recibido respuesta a la carta que remití a la señora G. Pollock (editora de esa revista) solicitando ejercer mi derecho de réplica.

www.sequitur.es